Stefan Betermieux und Bernhard Hollunder (Hrsg.)

Software-Technologien und -Prozesse

Weitere empfehlenswerte Titel

Software-Technologien und -Prozesse
Jens-Matthias Bohli, Friedbert Kaspar, Dirk Westhoff (Hrsg.), 2014
ISBN 978-3-11-035527-7, e-ISBN 978-3-11-035865-0,
e-ISBN (EPUB) 978-3-11-037333-2, Set-ISBN 978-3-11-037381-3

IT-Sicherheit, 9. Auflage
Claudia Eckert, 2014
ISBN 978-3-486-77848-9, e-ISBN 978-3-486-85916-4,
e-ISBN (EPUB) 978-3-11-039910-3

Advanced Data Management
Lena Wiese, 2015
ISBN 978-3-11-044140-6, e-ISBN 978-3-11-044141-3,
e-ISBN (EPUB) 978-3-11-043307-4

Vernetzte Organisation
Alexander Richter (Hrsg.), 2014
ISBN 978-3-486-74728-7, e-ISBN 978-3-486-74731-7,
e-ISBN (EPUB) 978-3-486-98956-4, Set-ISBN 978-3-486-98957-1

Software-Technologien und -Prozesse

Open-Source Software in der Industrie, KMUs und im Hochschulumfeld

5. Konferenz STeP, 3. Mai 2016 in Furtwangen

Herausgegeben von
Stefan Betermieux und Bernhard Hollunder

DE GRUYTER
OLDENBOURG

Herausgeber
Prof. Dr. Stefan Betermieux
Hochschule Furtwangen
Fakultät Informatik
Stefan.betermieux@hs-furtwangen.de

Prof. Dr. Bernhard Hollunder
Hochschule Furtwangen
Fakultät Informatik
Bernhard.hollunder@hs-furtwangen.de

ISBN 978-3-11-048006-1
e-ISBN (PDF) 978-3-11-048252-2
e-ISBN (EPUB) 978-3-11-048033-7
Set-ISBN 978-3-11-048253-9

Library of Congress Cataloging-in-Publication Data
A CIP catalog record for this book has been applied for at the Library of Congress.

Bibliografische Information der Deutschen Nationalbibliothek
Die Deutsche Nationalbibliothek verzeichnet diese Publikation in der Deutschen Nationalbibliografie; detaillierte bibliografische Daten sind im Internet über http://dnb.dnb.de abrufbar.

Druck und Bindung: CPI books GmbH, Leck
♾ Gedruckt auf säurefreiem Papier
Printed in Germany

www.degruyter.com

Inhaltsverzeichnis

Teil I: Eingeladener Vortrag

Teil II: Technisches Programm

Teil III: Industriebeiträge

Teil IV: Young Researchers

Organisation

Veranstalter

Fakultät Informatik, Hochschule Furtwangen

Tagungsleitung

Stefan Betermieux, Hochschule Furtwangen

Bernhard Hollunder, Hochschule Furtwangen

Organisationskoordination

Gerd Bitzer, Hochschule Furtwangen

Michaela Duffner, Hochschule Furtwangen

Petra Kienzler, Hochschule Furtwangen

Programmkomitee

Detlef Fehrer (Sick AG)

Thomas Koch (Post CH AG)

German Nemirovski (HS Albstadt-Sigmaringen)

Stephan Trahasch (HS Offenburg)

Alexander Wahl (GIS Consulting)

Dirk Wiesmann (FH Dortmund)

Wolfgang Wilkes (Fernuniversität in Hagen)

Sponsoren

Wir danken den Sponsoren und der Hochschule Furtwangen für die freundliche Unterstützung.

Vorwort

STeP ist eine Konferenzreihe der Hochschule Furtwangen, die schwerpunktmäßig aktuelle Themen aus dem Bereich Software-Technologien und -Prozesse aufgreift. Sie richtet sich an Anwender, Entwickler und Entscheider aus der industriellen Praxis sowie an anwendungsorientierte Wissenschaftler aus dem akademischen Umfeld. Aktuelle Trends und Themen der Softwaretechnik werden in technisch-wissenschaftlichen Beiträgen und industriellen Erfahrungsberichten vorgestellt und diskutiert. Ein weiteres Anliegen ist uns die Förderung des wissenschaftlichen Nachwuchses.

Schwerpunkt der fünften Ausgabe dieser Konferenzreihe, die am 3. Mai 2016 in Furtwangen stattfand, ist Open-Source Software. Diese spielt heutzutage eine wichtige Rolle bei der Realisierung von Software-Systemen, unabhängig von Projektgröße, Entwicklungsprozess und organisatorischem Kontext.

Als 2013 eines der größten und teuersten Projekte der Menschheit, die internationale Raumstation ISS, komplett auf Open-Source Software umgestellt wurde, war klar, dass Open-Source sich bewährt hat und zu einem wichtigen Bestandteil der Software-Entwicklung geworden ist. Die ISS ist allerdings erst spät auf den Zug aufgesprungen. Bekannte Projekte mit starkem Open-Source Charakter sind Linux (1991), Wikipedia (2001), Firefox (2002), Java (2006), LiMux der Stadt München (2007), um nur einige zu nennen.

Der Faktor, dass Open-Source kostenlos ist, ist bei weitem nicht der wichtigste. Wichtiger ist es, die Kontrolle und die Mitbestimmung über kritische Projektbestandteile nicht aus der Hand zu geben; effektiv selber bestimmen zu können, was Software leistet und wie sie eingesetzt wird. Wenn große Hersteller von Closed-Source Betriebssystemen entscheiden, dass in Zukunft der Fokus auf die Touch-Bedienung liegt und die herkömmliche Benutzungsschnittstelle obsolet wird, dann bekommen abhängige Projekte höchstens eine Karenzzeit, um die Bedienung ihrer Anwendungen ebenfalls anzupassen. Bei einem Open-Source Betriebssystem können diese Entscheidungen frühzeitig mitbestimmt werden oder im ungünstigsten Fall wird das Projekt als sogenannter Fork alleine weiter gepflegt.

Die Free Software Foundation fasst es folgendermaßen zusammen:

> *»Free software is a matter of liberty, not price. To understand the concept, you should think of 'free' as in 'free speech', not as in 'free beer'«*

Auch eine mögliche Insolvenz der hinter den Bibliotheken stehenden Firmen wird durch Open-Source abgemildert. Die Bibliothek kann erstmal weiterverwendet werden und kleine Fehler können selber korrigiert werden.

Zudem treten heute viele IT-Unternehmen – unabhängig von der Branche und Größe – nicht nur als Nutzer von Open-Source Software auf, sondern beteiligen sich aktiv bei der Weiterentwicklung existierender Open-Source Bibliotheken und Systeme bzw. initiieren auch neue Projekte. Der Einstieg kann dabei mit wenig Aufwand gelingen: Fehler und Erweiterungswünsche können in einer offenen Diskussion besprochen werden, in den meisten Fällen werden Verbesserungen für alle nutzbar in das Projekt integriert. Viele Unternehmen gehen aber auch noch weiter und unterstützen Open-Source Projekte personell oder basieren gleich auf einem Geschäftsmodell, bei dem die Software als Open-Source veröffentlicht und über Schulungen, individuelle Anpassungen oder Support Gewinn erwirtschaftet wird.

Einer Studie von SerNet aus dem Jahr 2015 zufolge nutzen 100 Prozent der DAX-30-Unternehmen Open-Source Software. Tragfähige Geschäftsmodelle, hoher Innovationsgrad und Wirtschaftlichkeit waren für die Unternehmen die wichtigsten Faktoren. SAP unterstützt z.B. die Eclipse-Plattform mit Millionen Zeilen Quellcode, BMW und Mercedes listen auf ihren Webseiten hunderte von unterstützten Open-Source Projekten auf.

Die diesjährige Konferenz wurde mit einer Keynote von Herrn Matthias Wessendorf eingeleitet, der seit Jahren Committer an verschiedenen Apache Projekten und ebenfalls Member der Apache Software Foundation ist. Derzeit ist Herr Wessendorf als Principal Software Engineer bei Redhat tätig.

Das Tagungsprogramm umfasste folgende Schwerpunkte:

- *Technisches Programm*: Wissenschaftliche Facharbeiten zu aktuellen Software-Technologien, die sich u.a. mit Open-Source Softwarebibliotheken für die Bildverarbeitung, der 3D-Visualisierung und der Analyse von Logs auseinandersetzen.

- *Industriebeiträge*: Praxisorientierte Beiträge zum Einsatz von Open-Source Software und Erfahrungsberichte aus Softwareprojekten, wie etwa zur Rolle des Lizenz-Managements und der Wartbarkeit.

- *Young Researchers*: Beiträge von jungen Wissenschaftlern, die u.a. ein Open-Source Softwareprojekt für die Erstellung von skalierbaren Java-Anwendungen ins Leben gerufen haben.

An der Organisation der Konferenz und an der Entstehung dieses Tagungsbandes waren viele Personen beteiligt. Wir sind unseren Kollegen an der Fakultät Informatik der Hochschule Furtwangen, dem Rektor der Hochschule, Herrn Prof. Dr. Rolf Schofer, und allen beteiligten Mitarbeitern der Hochschule zu Dank verpflichtet. Fernen gebührt unser Dank dem Programmkomitee für die qualifizierte Begutachtung der eingereichten Beiträge.

Die Konferenz wurde finanziell unterstützt von:

Endress+Hauser AG - http://www.de.endress.com/de

M&M Software - https://mm-software.com/

InterCard AG - http://www.intercard.org/

doubleSlash GmbH - https://www.doubleslash.de/

Hochschule Furtwangen - http://www.hs-furtwangen.de/

Dem Oldenbourg Wissenschaftsverlag GmbH von De Gruyter danken wir für die gute Zusammenarbeit bei der Veröffentlichung des Tagungsbandes.

Furtwangen, Mai 2016

Stefan Betermieux

Bernhard Hollunder

Teil I
Eingeladener Vortrag

Open-Source – Communities, Werkzeuge, Methoden und was noch dazu gehört

Matthias Wessendorf

Principal Software Engineer
Red Hat GmbH
Werner-von-Siemens-Ring 14
Technopark II, Haus C
85630 Grasbrunn
matzew@apache.org

Open-Source ist seit Jahren ein wichtiges Argument bei der Realisierung von Software Projekten, nicht nur in kleineren Firmen, sondern auch bei großen Unternehmen und Konzernen. Open-Source bietet einen gewissen Schutz für den Kunden, da er sich nicht in eine direkte Abhängigkeit eines Herstellers und dessen nicht zugänglichen Quelltexten begibt.

Doch wie funktioniert Open-Source? Wie finden sich Entwickler in einem Team zusammen, und wie erfolgt die notwendige Kommunikation in den Projekten? Wie wird mit Konflikten unter den Entwicklern umgegangen?

Der Vortrag geht auf grundsätzliche Arbeitstechniken und wichtige Werkzeuge von Open-Source Projekten ein und erläutert wie ein erfolgreiches, gemeinschaftliches und verteiltes Arbeiten an freier Software möglich ist.

Ein weiterer wichtiger Bestandteil der Open-Source Bewegung sind Foundations, die den verschiedenen Projekten einen gewissen Rahmen bieten und unter anderem auch rechtlichen Schutz. Foundations, wie beispielsweise die Apache Software Foundation, stellen ebenfalls sicher, dass ein OpenSource Projekt verantwortlich geführt wird und nicht nur die Interessen einer einzelnen Unternehmung umgesetzt werden. Der Vortrag stellt verschiedene Foundations und deren Zielsetzung exemplarisch vor.

Unternehmen, die den Einsatz von Open-Source fördern oder gar kommerziellen Support für Open-Source Projekte anbieten, stellen eine weitere wichtige Säule der Open-Source Bewegung dar und runden das Ökosystem "Open-Source" ab.

Teil II
Technisches Programm

Analyse von Logs mit Open-Source-Werkzeugen

Roland H. Steinegger[1], Nadina Hintz[2], Benjamin Hippchen[3], Georg Binder[3], Florian Röser[2], Sebastian Abeck[1]

[1 3]Forschungsgruppe Cooperation & Management (C&M)
Karlsruher Institut für Technologie (KIT)
Zirkel 2
76131 Karlsruhe

[2]iC Consult Gesellschaft für Systemintegration und Kommunikation mbH
Zettachring 8a
70567 Stuttgart
[1]{abeck, steinegger}@kit.edu, [2]{nadina.hintz, florian.roeser}@ic-consult.de,
[3]{benjamin.hippchen, georg.binder}@student.kit.edu

Abstract: Die Lokalisierung von Fehlern ist bei der Wartung und Pflege von Softwaresystemen eine der zeitaufwendigsten Tätigkeiten. Bei der Verwendung der verbreiteten Open-Source-Werkzeuge Elasticsearch, Logstash und Kibana treten, trotz Benutzerfreundlichkeit, verschiedene Probleme auf. Ein einheitliches Schema für Logs erleichtert das Finden relevanter Information und zusammengehöriger Log-Einträge. Die genannten Werkzeuge bieten für diese Aufgaben keine direkte Unterstützung. Aus verschiedenen Quellen erarbeiten wir ein einheitliches und erweiterbares Log-Schema. Zudem zeigen wir die Log-Korrelation mit Open-Source-Werkzeugen. Die Anwendung unseres Ansatzes demonstrieren wir an den IAM-Systemen im Unternehmensumfeld und berichten über unsere Erfahrungen.

1 Einführung

Bei der Wartung und Pflege von Softwaresystemen sind die Analyse und das Verständnis der Artefakte, bspw. zur Lokalisierung von Fehlern, mit die zeitaufwendigsten Tätigkeiten. Die fehlerverursachende Stelle im Quellcode muss oft erst gefunden werden. Neben der Nachverfolgung des Programmablaufs am Quellcode, ist die Log-Analyse eine der Hauptquellen zur Lokalisierung. Unter *Log* verstehen wir im Folgenden jede Form von Ereignisprotokollierung, sowohl in Dateien als auch in Datenbanken oder als Netzwerk-Stream.

Die Analyse von Logs wird in verteilten Softwaresystemen aufwendig, da jedes System getrennt Logs erstellt. Zudem muss ein Zusammenhang zwischen den protokollierten Ereignissen, auch zwischen Systemen, hergestellt werden. Verschärft wird die Problematik durch den aktuellen Microservice-

Trend, der zu einer Vielzahl betriebener Softwareartefakte führt. Verschiedene Werkzeuge wurden zur Lösung dieses Problems entwickelt. Eine derzeit verbreitete Kombination aus Open-Source-Werkzeugen ist Elasticsearch [1], Logstash [2] und Kibana [3], kurz ELK-Stack genannt.

Zeitkritisch ist das Auffinden von Fehlern in Systemen für das Identitäts- und Zugriffsmanagement (engl. Identity and Access Management, IAM). Probleme in diesem Bereich sind meist kritisch und können im schlimmsten Fall zum unbefugten Zugriff auf geschützte Ressourcen führen. Sowohl für das IAM-Umfeld als auch generell gibt es derzeit kein einheitliches Schema für Logs. Dies erschwert die Ereigniskorrelation, also das Auffinden zusammengehöriger Ereignisse über ein oder mehrere Logs.

Deshalb haben wir Formate aus verschiedenen Publikationen und Produkten in diesem Bereich auf Gemeinsamkeiten hin untersucht. Ergebnis dieser Untersuchung ist ein Kernformat. Zudem werden verschiedene Ansätze zur Korrelation von Logs vorgestellt und verglichen.

Die vorgestellten Konzepte wenden wir zur Evaluation an IAM-Systemen eines großen Automobilherstellers an. Die dort genutzten Systeme erzeugen eine große Menge verteilter Logs. Die Form der Log-Einträge kann auf Grund von proprietärer Software nicht verändert werden, somit ist eine Nachverarbeitung essenziell. Das Problem der Ereigniskorrelation betrachten wir nur innerhalb eines Systems; es ist in unserem Szenario aber auch über Systemgrenzen hinweg relevant. Unsere gewonnen Erfahrungen stellen wir in einem eigenen Kapitel vor.

2 Grundlagen der Log-Analyse

Ausgehend von der Definition von Bernard Jim Jansen [4] (Kapitel 3), besteht die Log-Analyse aus drei einzelnen Prozessschritten. Beim *Sammeln* (engl. Collecting) werden die Daten aus einer Log-Quelle entgegengenommen. Durch das *Vorbereiten* (engl. Preparation) werden die Log-Ereignisse formal aufbereitet, von Fehlern oder überflüssigen Informationen bereinigt und in einer geeigneten Form persistiert. Zuletzt können durch das *Analysieren* (engl. Analysis) Erkenntnisse über die Log-Ereignisse gewonnen werden.

Fabien Pouget und Marc Dacier [5] spezifizieren den Begriff *Alert Correla-*

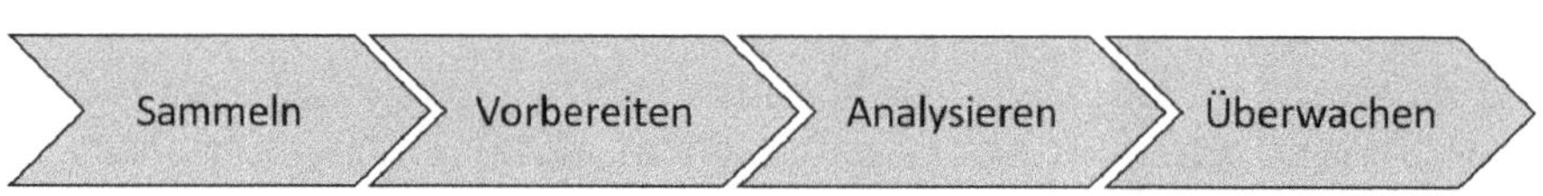

Abbildung 1: Prozessdarstellung der Log-Analyse

tion, der in zweierlei Hinsicht eine bedeutsame Rolle für die Log-Analyse spielt. Daraus lässt sich das *Überwachen* (engl. Alerting) ableiten, welches das Erkennen und Melden von Mustern zur Aufgabe hat. Im Kontext von Logs erfolgt dies auf Basis der von der Analyse gewonnenen Erkenntnisse. Es ergibt sich ein Gesamtprozess wie in Abbildung 1 dargestellt. Zusätzlich zur Überwachung wird eine *Ereigniskorrelation* (engl. Event Correlation) abgeleitet, die zusammenhängende Log-Ereignisse zusammenfügt. Ein bekannter Ansatz zur Umsetzung ist die regelbasierte Korrelation, bei der die eingehenden Ereignisse gegen eine Menge an Regeln geprüft und benutzerdefinierten Aktionen unterzogen werden.

3 Vorhandene Werkzeuge

Als Grundlage für unseren gewählten Lösungsansatz gibt dieses Kapitel einen Überblick über verfügbare Werkzeuge zur Analyse von Logs. Da ein wesentlicher Punkt bei der Analyse die Vorverarbeitung und Aufbereitung der Logs ist, werden Werkzeuge zur Korrelation von Logereignissen in einem gesonderten Abschnitt betrachtet.

3.1 Werkzeuge zum Sammeln und Weiterleiten der Logs

Vertreter der oben genannten Werkzeuge sind Rsyslog [6], Fluentd [7] und Logstash [2]. Bei Rsyslog handelt es sich um eine Implementierung von syslog [8]. Diese Implementierung sollte dazu dienen, einen umfangreichen und zuverlässigen syslog Daemon (kurz syslogd) mit TCP und RFC 3195 zu schaffen. Die zuvor genannten Werkzeuge Fluentd und Logstash unterscheiden sich kaum und gestalten durch eine Plug-in-Architektur den gebotenen Funktionsumfang flexibel.

Nach dem Prinzip einer Pipeline werden bei allen drei Werkzeugen die Log-Ereignisse verarbeitet. Zunächst werden die Ereignisse gelesen, danach einer Filterung unterzogen und abschließend weitergeleitet.

3.2 Werkzeuge zum Verwahren der Logs

Apache Solr [9] [10] und Elasticsearch [1] sind NoSQL Volltext-Suchmaschinen. Beide implementieren Apache Lucene [11] zur Bereitstellung einer umfangreichen Such- und Indizierungs-API. Persistiert werden die Daten in Form von Dokumenten, deren Aufbau durch das gewählte Format bestimmt wird. Über die RESTful-API können Softwaresysteme Dokumente an die Werkzeuge übermitteln oder abfragen. Durch Methoden wie *Sharding* oder *Replication* sorgen die Werkzeuge für eine erhöhte Ausfallsicherheit und Steigerung der Ausführungsleistung. Die verwahrten Dokumente können über Indizes klassifiziert werden, welche über die vorgestellten Methoden verteilt und repliziert werden.

Unterschiedlich gestalten sich die Anzahl der akzeptierten Dokumentenformate. Während Apache Solr die Standard-Webtechnologien JSON, XML und auch CSV akzeptiert, beschränkt sich Elasticsearch lediglich auf das JSON Format.

3.3 Werkzeuge zum Analysieren der Logs

Bei Grafana [12] und Kibana [3] handelt es sich um Open-Source-Werkzeuge, die zur Analyse von Datenspeichern konzipiert wurden. Beide setzen bei der Datenabfrage auf das Protokoll HTTP, um eine RESTful-API abfragen zu können. Zur Analyse der Daten können grafische Elemente wie Balken- oder Liniendiagramme erstellt und auf Dashboards platziert werden.

Kibana bietet zusätzlich zur Erstellung von Dashboards zwei weitere Sichten. Die Verwendung der Sicht *Discover* ermöglicht die aufbereitete Darstellung der Rohdatensätze, ohne dabei Grafikelemente zu verwenden. In der Sicht *Visualize* kann immer genau ein grafisches Element erstellt werden, welches bei Bedarf in ein Dashboard übernommen werden kann.

3.4 Ereigniskorrelationswerkzeuge

Eine Möglichkeit der regelbasierten Ereigniskorrelation bietet der Perl-basierte Simple Event Correlator (SEC) [13]. Er operiert auf Textströmen, die gegen reguläre Ausdrücke verglichen werden. Auf Treffern werden Regeln definiert, die zu Aktionen führen, wie dem Aufruf von Shell-Kommandos. Die Konfiguration erfolgt durch Textdateien.

Eine Alternative bieten Java-Bibliotheken wie Drools Fusion [14] und Esper [15]. Sie verarbeiten Ströme von Ereignissen, die durch Java-Objekte dargestellt werden. Die Ströme werden auf bestimmte Muster oder Regeln untersucht. Bei Treffern kann beliebiger Java-Code ausgeführt werden. Ein Unterschied besteht in der Definition der Regeln. Esper setzt hier auf die Event Processing Language (EPL), die SQL-ähnliche Statements kontinuierlich auf den Ereignisstrom anwendet. Drools dagegen definiert Regeln nach einem Wenn-Dann-Schema. Der Studie [16] zufolge ist die Performanz dieser Werkzeuge bei hoher Last der des SEC überlegen.

4 Verwandte Arbeiten

In dieser Arbeit stellen wir zwei Beiträge heraus, einerseits erarbeiten wir eine einheitliche Form für Log-Einträge und andererseits zeigen wir, wie die

Inhalte von Logs verschiedener Anwendung korreliert werden. In diesem Abschnitt ordnen wir unser Vorgehen in bestehende Ansätze ein.

4.1 Einordnung in bestehende Ansätze zur Log-Analyse

In der Praxis findet die Log-Analyse in vielen verschiedenen Anwendungsbereichen ihren Platz. In [17] wird ein Modell vorgestellt, welches Angriffe auf die IT-Landschaft basierend auf Logs erkennt. Auch lassen sich über Transaktionslogs Verhaltensmuster von Benutzern einer Suchmaschine feststellen, wie in [18]. [19] demonstriert eine auf Logs beruhende Analyse der Wirtschaftlichkeit eines IaaS-Providers. Im Grundaufbau folgt die Log-Analyse in allen diesen Arbeiten dem in Absatz 0 vorgestellten Prozess, die Umsetzung variiert jedoch anwendungsspezifisch. Unsere Arbeit befasst sich daher mit dem Anwendungsbereich des IAM.

4.2 Normalisierung von Log-Inhalten

Zur einheitlichen Darstellung von Log-Ereignissen bestehen verschiedene Formate. Die meisten, wie das des Syslog-Protokolls [20] oder das von Graylog spezifizierte GELF [28], sind breit einsetzbar, verfügen aber auch über entsprechend wenige Felder und über keinerlei hierarchische Ordnung. Sie setzen auf individuelle Erweiterung durch einzelne Anwendungen. Die MITRE Corporation wollte mit CEE einen hierarchischen, XML-basierten Standard für das Protokollieren von Ereignissen aller Art erstellen, hat diese Bemühungen allerdings mittlerweile eingestellt [21].

Vor diesem Hintergrund entwickelt [22] ein neues Format zur Intrusion Detection. Wie unser Ansatz wird es in hierarchischen Ebenen strukturiert. Die Herleitung geht jedoch ausschließlich von einer Menge an Logs aus, deren gesamte Informationen normalisiert werden, ohne zu beachten, welche Daten tatsächlich für den Anwendungsfall benötigt werden.

4.3 Korrelationsverfahren

SEC wird oft zur Ereigniskorrelation eingesetzt [23] [24] [25], jedoch vor allem zur netzwerkbasierten und host-basierten Angriffserkennung. In [26] wird Drools Fusion zur Korrelation normalisierter Ereignisströme genutzt. Ziel ist auch hier, sicherheitsrelevante Ereignisse zu entdecken. Zudem wird der Aspekt der Komprimierung herausgestellt, wenn viele Log-Einträge zugunsten eines korrelierten Ereignisses verworfen werden.

Eine Korrelationstechnik zur Rekonstruktion des Verhaltens von Anwendungen ist in [27] vorgestellt. Dabei werden aus Logs Ablaufmuster trainiert und die gewonnenen Modelle zur automatischen Anomalieerkennung verwendet.

5 Studie

Kern unserer Arbeit ist eine Studie, in der wir unsere Fragestellungen verfolgt und entworfene Konzepte angewandt, validiert und angepasst haben. Vorgehen und Ergebnisse werden im Folgenden vorgestellt.

5.1 Anwendungsfälle

Als übergeordnetes Ziel unserer Studie sollte Supportmitarbeitern ein automatisiertes Mittel zur Verfügung gestellt werden, welches seinerseits Log-Informationen aus einer IT-Anwendungslandschaft bereitstellt.

Die Studie beinhaltet drei Anwendungsfälle. Der erste Anwendungsfall ist das Durchsuchen von Log-Ereignissen nach allgemeinen Informationen oder Fehlern. Im zweiten Anwendungsfall werden wiederum speziell Fehler angezeigt, gleiche Fehler aggregiert und automatisch Benachrichtigungen erstellt. Der letzte Anwendungsfall befasst sich mit der Erstellung von Statistiken auf Basis der Log-Ereignisse.

Die Log-Ereignisse stammen aus einem Consumer IAM-System, das aus mehreren Anwendungen besteht, die jeweils redundant ausgelegt sind. Das System bietet typische IAM-Funktionen wie bspw. Registrieren, An- und Abmelden, Verwalten der persönliche und Authentifizierungsinformationen und "Social Login". In der von iC Consult betriebenen Anwendungslandschaft kommen sowohl Eigenentwicklungen als auch Anwendungen von Drittanbietern zum Einsatz.

5.2 Log-Verarbeitung

Wir haben die grundsätzlichen Schritte der Log-Analyse um einen Abschnitt erweitert, wie Abbildung 2 zeigt: Um längerfristige Statistiken und späteres Nachvollziehen von Vorgängen zu ermöglichen, müssen die Ereignisse gespeichert werden, weshalb noch vor der Analyse das *Verwahren* notwendig ist. Zudem haben wir den Schritt der Vorbereitung konkretisiert in Normalisierung und Korrelation. Die Korrelation dient dabei vor allem der Aggregation und Komprimierung der vorhandenen Ereignisse, weshalb sie weder logisch noch zeitlich von der Normalisierung getrennt ist. In der Abbildung stehen daher beide Begriffe als ein einzelner Schritt für die Vorbereitung.

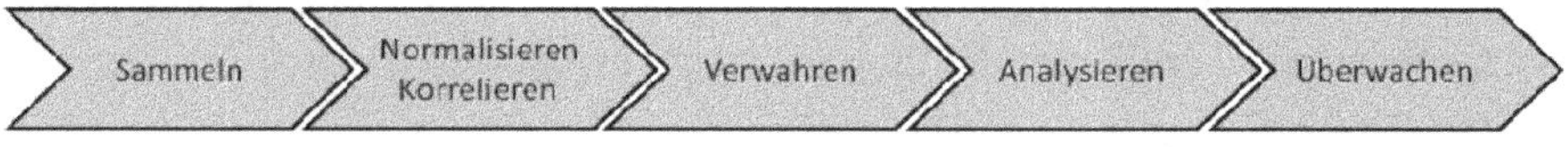

Abbildung 2: Prozessdarstellung des Log Managements und der Log-Analyse

5.3 Log-Normalisierung

Entscheidend zur Normalisierung ist das homogene Format, in das die heterogen vorliegenden Log-Ereignisse überführt werden. Ausgangspunkt seiner Definition können einerseits die vorliegenden Informationen sein (Bottom-Up-Ansatz), andererseits die vorgesehene Verwendung der normalisierten Daten (Top-Down-Ansatz). Unser Ansatz sieht einen Mittelweg vor, der zunächst betrachtet, welche Informationen in der Anwendung gebraucht werden, und dann, wie diese aus den vorhandenen Log-Ereignissen gewonnen werden können.

Abbildung 3 zeigt das Ergebnisformat. Es folgt dem in [22] vorgestellten hierarchischen Prinzip, das allgemeinere Felder auf oberster Ebene definiert, und für einzelne Ereignisse spezifische Informationen in tieferen Ebenen erlaubt. Ein Nutzer kann in dem IAM-System auf verschiedene Weise identifiziert werden, weshalb das Feld *user* entsprechend unterteilt ist. Auf ähnliche Weise werden alle Informationen, in welchem Teil des Systems ein Ereignis auftrat, unter dem Feld *producer* zusammengefasst.

Diese Felder sind insbesondere für die Suche nach Ursachen aufgetretener Fehler relevant, weil sie eine gezielte Beschränkung auf einen bestimmten Benutzer oder eine bestimmte Anwendung erlauben. Besteht bereits eine Vermutung, wo die Ursache liegen könnte, kann auch nach Ausgaben einzelner Module gesucht werden.

Des Weiteren ergibt sich aus den Anwendungsfällen die Notwendigkeit, normalisierten Ereignissen ein *objective* zuzuordnen. Objective bezeichnet das Ziel, das mit dem Programmaufruf verfolgt wird. Dieses kann auf Transaktionsebene definiert sein, wie bspw. *SendRegistrationData*, oder auf Subtransaktionsebene, falls sich das Ereignis in Transaktionen mit verschiedenen Zielen wiederfindet, wie bspw. *ValidateCaptcha*. Objectives können spezifische Zusatzinformationen enthalten, die ebenfalls hier eingeordnet werden.

In erster Linie wird so das Anlegen von Statistiken ermöglicht, weil sich Ereignisse anhand ihres Objectives gruppieren und kategorisieren lassen.

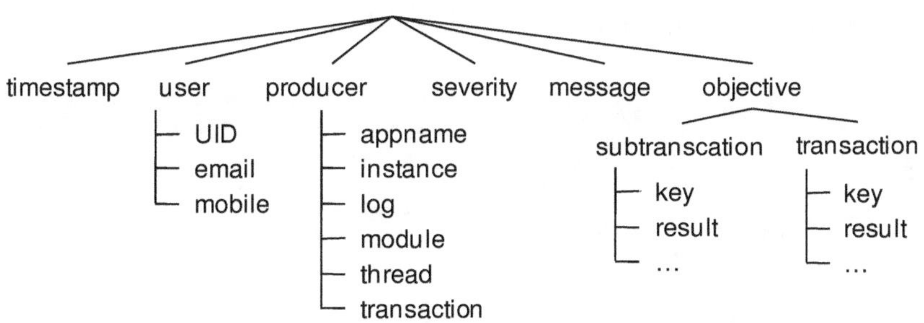

Abbildung 3: Entwickeltes Normalisierungsformat

Ebenso wird die Aggregation von Fehlermeldungen gleicher Ursache vereinfacht, weil den Fehlern das gleiche Objective zugeordnet wird. Schließlich erleichtert das Objective die Orientierung beim manuellen Durchsuchen von Log-Ereignissen.

Die vorgestellten als relevant identifizierten Informationen werden auf unterschiedliche Weise aus den Log-Einträgen gewonnen. Einigen lassen sich Felder innerhalb der log-spezifischen Formate direkt zuordnen, wie beispielsweise *timestamp* und *severity*. Diese können durch einfaches Pattern-Matching erfasst werden. Metainformationen, wie *appname* und *log*, werden manuell durch entsprechende Konfiguration des jeweiligen Werkzeugs hinzugefügt, das die Logs ausliest. Die Informationen des *objective* schließlich stellen eine semantische Interpretation verschiedener anderer Felder, allen voran der *message*, also des Freitextanteils, dar. Die Felder werden entsprechend dem in [23] vorgestellten Prinzip gegen Muster einer manuell zu pflegenden Wissensdatenbank abgeglichen.

5.4 Korrelation von Ereignissen

Bei der Betrachtung der vorliegenden Logs zeigt sich, dass die Informationen, die für die identifizierten Anwendungsfälle benötigt werden, oftmals auf mehrere Einträge verteilt vorliegen. Die Anwendungen schlüsseln relevante Ereignisse in mehrere Teilereignisse auf, was zu Unübersichtlichkeit führt. Wir verwenden Drools Fusion, um gemeinsame Einträge zu aggregieren.

Die Korrelation beschränkt sich dabei auf Ereignisse innerhalb einzelner Transaktionen mit einzelnen Anwendungen, die auf Grund der Struktur der Logs identifizierbar sind. Per Definition müssen diese Ereignisse alle dem gleichen Objective auf Transaktionsebene folgen, oder nur ein Objective auf Subtransaktionsebene zugeordnet haben. Die Korrelation erzeugt nun *ein* gemeinsames Ereignis für die Transaktion, und jeweils ein weiteres für die Subtransaktionen. Die Ereignisse erhalten alle Informationen der einzelnen Teilereignisse. Dies führt zu einer Verringerung der Ereignisanzahl und verbessert die Übersicht der Vorgänge. Zudem werden widersprüchliche Informationen von aggregierten Ereignissen entdeckt.

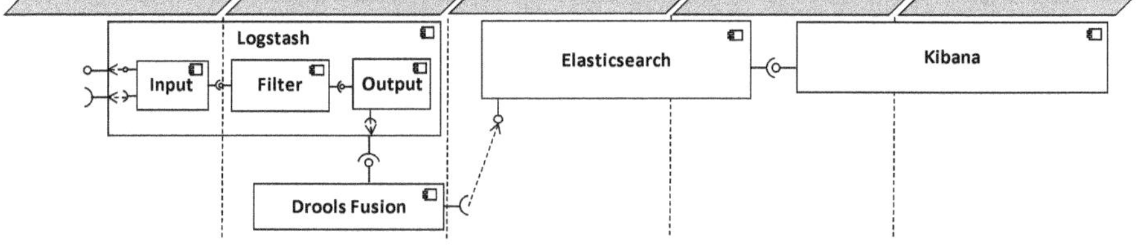

Abbildung 4: Einordnung der eingesetzten Werkzeuge in den Analyseprozess

5.5 Einsatz der Werkzeuge

Auf Grund der bereits vorhandenen Erfahrung unseres Kooperationspartners wurde unsere Studie mit Elastic Search, Logstash und Kibana realisiert. Die Korrelation wurde bedingt durch die Java-basierte Syntax mittels Drools Fusion umgesetzt.

Abbildung 4 zeigt eine Einordnung der eingesetzten Werkzeuge in den entworfenen Analyseprozess. Das Sammeln wie auch das Normalisieren erfolgt mit Logstash, das die Ereignisse zur Korrelation an Drools Fusion. Anschließend werden die korrelierten Ereignisse in Elasticsearch verwahrt. Kibana schließlich wird zur Formulierung von Suchanfragen an Elasticsearch und zur Darstellung der Ausgaben verwendet.

Die Entwicklung der Logstash-Konfigurationen wie auch die Implementierung von Drools Fusion erfolgte in Kollaboration, weshalb ein Git Repository eingesetzt wurde. Zur Integration wurden die Werkzeuge auf einem Ubuntu-Server installiert, auf dem die Realisierung der Anwendungsfälle gezeigt werden konnte.

6 Gesammelte Erfahrungen

6.1 Erfahrungen aus dem Unternehmensumfeld

Dieser Abschnitt soll einige Erkenntnisse wiedergeben, die im produktiven Einsatz des ELK-Stacks zur Log-Analyse gemacht wurden. Es handelt sich um ein System zur Überwachung einer IAM-Anwendungslandschaft, in der täglich etwa 140 GB Log-Daten anfallen. Die Angaben stellen praktische Erfahrungen von Systemadministratoren dar und sollten nicht als allgemeingültige wissenschaftliche Angaben, sondern als Hinweise im Umgang mit den konkreten Werkzeugen verstanden werden.

Der Praxiseinsatz hat gezeigt, dass für Elasticsearch möglichst viel Arbeitsspeicher zur Verfügung stehen sollte. In der Praxis erweisen sich mindestens 64 GB als sinnvoll. Die Indizes werden bei der Analyse in den Arbeitsspeicher geladen, was zu "*OutOfMemory*"-Ausnahmen führen kann. Es hat sich als sinnvoll erwiesen, die Hälfte des Arbeitsspeichers für Elasticsearch zu verwenden und den Rest dem Betriebssystem zu überlassen. Letzteres verwendet den Übrigen Speicher für das Speichern der Lucene-Indizes.

Auch relevante Limits des Betriebssystems sollten ausgeschaltet werden um Serverleistungen optimal nutzen zu können. Insbesondere der maximale Adressraum "*as*" sowie "*memlock*" den ein Prozess nutzen darf, sollte ausreichend (falls nötig auf unbegrenzt) gesetzt werden. Zudem sollte der virtuelle Adressraum mit "*vm.max_map_count=262144*" ausreichend hoch sein.

Es hat sich als sinnvoll erwiesen bei knappem RAM oder Zunahme der Garbage Collection "doc_values" einzuschalten. Diese Einstellung sorgt dafür, dass bei der Generierung des Indexes die Field Data (Field Data wird beim Sortieren und Aggregieren eines Feldes benötigt) erzeugt und auf der Platte gespeichert werden, anstatt die Werte bei Bedarf zur Suchzeit in den Arbeitsspeicher zu laden und die Field Data dort zu erzeugen. Das führt zwar zu Performanz-Einbußen bei der Datenanalyse und zu einem höheren Speicherplatzbedarf, aber man hält dadurch die Datenmengen vom Java-Heap fern und vermeidet Probleme mit knappem Heap-Speicher. Die Performanz-Einbußen lassen sich mit einem ausreichend großen Dateisystem-Cache minimieren.

Ebenfalls ist es sinnvoll Funktionalität nur dann einzuschalten, wenn sie auch verwendet wird. Wird keine Volltextsuche über alle Felder benötigt, so kann das "*_all*"-Feld abgeschaltet werden. Das Deaktivieren spart Speicherplatz und den Aufbau des teuren Indexes, denn das Feld wird jedem Dokument hinzugefügt und setzt sich standardmäßig aus allen Feldern des Dokuments zusammen.

Im Praxiseinsatz hat sich gezeigt, dass neue Dokumente (mittels des "*refressh_interval*") direkt indiziert werden. Durch das ständige Indizieren wird eine hohe Last erzeugt. Je nach Szenario kann die Intervallfrequenz und somit auch die Last reduziert werden.

Es hat sich zudem gezeigt, dass der Einsatz des von Logstash genutzten "*grok*"-Filters nicht zu empfehlen ist (Stand 2015). Durch das Verwenden von regulären Ausdrücken anstelle der Standardmuster des "*grok*"-Filters lässt sich die Performanz wesentlich erhöhen. Auch hat sich gezeigt, dass es zu Performanzproblemen mit Logstash-Filtern kommen kann, da Logstash nur einen Thread für die Filter erlaubt. Die benötigte Performanz konnte nur durch eigene Implementationen, welche die eingelesenen Inhalte direkt an Elasticsearch senden, erbracht werden konnte. In diesem konkreten Fall fallen ~50GB/Tag an Logdaten an, allerdings nicht gleichmäßig über den Tag verteilt, sondern mit deutlichen Spitzenlasten, generelle Tendenz steigend. Diese Implementation ist nicht als Open-Source-Software verfügbar aufgrund von Vertragsbedingungen mit dem Kunden.

6.2 Erfahrungen bei der Entwicklung

In diesem Abschnitt geben wir unsere gesammelten Erfahrungen in der Entwicklung mit den Werkzeugen wieder.

Die Arbeit mit Git zur Versionierung der Konfigurationsdateien brachte einige Vorteile mit sich. Problematisch war allerdings die fehlende Unterstützung von relativen Pfaden durch Logstash. Eine gemeinsame Arbeit auf verschiedenen Dateisystemen wurde hierdurch stark erschwert, gerade zwischen verschiedenen Betriebssystemen. Unsere Lösung war die Auslagerung der Pfade in eigene Konfigurationsdateien, die nicht in die Versionsverwaltung eingespielt wurden und bei jedem Benutzer lokal angepasst werden mussten.

Einen positiven Effekt auf die Wartbarkeit zeigte die Aufteilung einer Logstash-Konfiguration in die drei Kategorien Input, Filter und Output (vgl. Abbildung 4). Jede Kategorie wird dabei übersichtlich durch eine eigene Konfigurationsdatei repräsentiert. Zusätzlich positiv wirkte sich die weitere Unterteilung der Output Kategorie aus. Für jedes Zielsystem wurde eine eigene Konfigurationsdatei angelegt und der Dateiname mit einem entsprechenden Bezeichner versehen. Hierdurch konnten gezielt Log-Quellen schnell angepasst oder auch entfernt werden.

Bei der Umsetzung der Korrelationskomponente als RESTful Service waren einige Hürden zu nehmen. In der Dokumentation von Drools Fusion [14] werden zwei Wege beschrieben, Ereignisse über eine RESTful-API einzugeben. Die erste, der *Camel-Server* (Kapitel 16), wird jedoch augenscheinlich nicht mehr unterstützt und die Alternative, der *KIE-Server* (Abschnitt VI) ist aufwändig zu konfigurieren. Daher wurde Spring Boot [29] eingesetzt, ein Framework, das den schnellen Entwurf eines Java-Webservers mit REST-Endpunkten erlaubt. Auf diese Weise wurde eine eigene RESTful-API aufgesetzt, die Log-Ereignisse entgegennimmt und an die Drools Fusion Engine weiterleitet. Die Log-Ereignisse werden dabei im JSON-Format entgegengenommen, das von Logstash unterstützt und auch von Elasticsearch verwendet wird.

7 Zusammenfassung

In diesem Artikel wurde der Einsatz des ELK-Stack zur Log-Analyse von IAM-Systemen gezeigt. Das Problem der Log-Ereigniskorrelation wurde in den allgemeinen Ablauf zur Log-Analyse eingeordnet. Zudem wurde die Korrelation mit Drools Fusion als Erweiterung des ELK-Stack eingeführt. Zur Erleichterung der Analyse und der Korrelation wurde ein einheitliches Schema für Log-Einträge, das aus verschiedenen Quellen zusammengeführt wurde, vorgestellt. Abschließend wurden die gesammelten Erfahrungen beim Einsatz im Unternehmen und bei der Entwicklung zusammengefasst.

Mit unserem Beitrag adressieren wir einerseits Software-Entwickler, die sich Gedanken über das Format zur Protokollierung von Ereignissen machen und andererseits Wartungs- und Pflegepersonal. Durch das Schema, in das Log-

Einträge zur Analyse eingelesen werden, erhält ein Software-Entwickler ein Format, das zur Gestaltung der eigenen Log-Einträge, beispielsweise durch die direkte Nennung des "*Objectives*", genutzt werden kann. Dem Wartungs- und Pflegepersonal erleichtert dies die Aufbereitung der Daten. Zudem erhalten diese durch unseren Beitrag Erfahrungen bei der Korrelation von Log-Ereignissen und bei dem Betrieb der eingesetzten Werkzeuge.

Insgesamt kann der Praxiseinsatz des ELK-Stack gemeinsam mit Drools Fusion als sehr positiv bewertet werden. Die Open-Source-Werkzeuge ließen sich flexibel für unser Szenario anpassen und sind benutzerfreundlich, auch durch die umfangreiche Dokumentation. Weitere Arbeiten können die Korrelation über Systemgrenzen hinweg oder auch die Auswertung der Logs mit Kibana genauer betrachten. Des Weiteren könnte auch das Problem des Formats von Log-Einträgen genauer betrachtet werden, und so die Vorverarbeitung der Logs vereinfacht werden.

8 Literatur

[1] Elasticsearch: Elastic Search | Search & Analyse Data in Real Time. URL: https://www.elastic.co/products/elasticsearch [Zugriff am 12.1.2016].

[2] Elasticsearch: Logstash | Collect Enrich & Transport Data. URL: https://www.elastic.co/products/logstash [Zugriff am 12.1.2016].

[3] Elasticsearch: Kibana | Explore & Visualize Your Data. URL: https://www.elastic.co/products/kibana [Zugriff am 12.1.2016].

[4] B. J. Jansen: Search log analysis: What it is, what's been done, how to do it.- In: ScienceDirect – Library & Information Science Research 28 (2006), S. 407-432.

[5] F. Pouget und M. A. Dacier: Alert Correlation: Review of the state of the art.- In: Technical Report RR-03-093 (2003).

[6] Adiscon: Rsyslog: The Rocket-Fast System for Log Processing. URL: http://www.rsyslog.com/ [Zugriff am 12.1.2016].

[7] Treasure Data: fluentd. URL: www.fluentd.org [Zugriff am 12.1.2016]

[8] C. Lonvick: The BSD syslog Protocol. URL: https://tools.ietf.org/html/rfc3164 [Zugriff am 12.1.2016].

[9] Apache: Solr. URL: http://lucene.apache.org/solr/ [Zugriff am 12.1.2016]

[10] C. Targett. Solr: A Quick Overview. URL: https://cwiki.apache.org/confluence/display/solr/A+Quick+Overview [Zugriff am 12.1.2016].

[11] Apache: Lucene. URL: https://lucene.apache.org/core/ [Zugriff am 12.1.2016].

[12] T. Ödegaard und Coding Instinct: Grafana. URL: www.grafana.org [Zugriff am 12.1.2016].

[13] Risto Vaarandi: Man page of sec. URL: http://simple-evcorr.github.io/man.html [Zugriff am 13.1.2016].

[14] The JBoss Drools team: Drools Documentation, Version 6.3.0.Final. URL: http://docs.jboss.org/drools/release/6.3.0.Final/drools-docs/html/index.html [Zugriff am 13.1.2016].

[15] EsperTech Inc.: Esper Reference, Version 5.3.0. URL: http://www.espertech.com/esper/release-5.3.0/esper-reference/html_single/index.html [Zugriff am 13.1.2016].

[16] L. Rosa, P. Alves, T. Cruz, P. Simões und E. Monteiro: A Comparative Study of Correlation Engines for Security Event Management. – In: Iccws 2015-The Proceedings of the 10th International Conference on Cyber Warfare and Security (2015), S. 277-285.

[17] S. Chari, T. Habeck, I. Molloy, Y. Park und J.-R. Rao: A Platform and Analytics for Usage and Entitlement Anomaly Detection.

[18] Y. Zhang, B. J. Jansen und A. Spink: Time series analysis of a Web search engine transaction log. – In: Science Direct – Information Processing and Management 45 (2009), Seite 230-245.

[19] S. Bagnasco, D. Berzano, A. Guarise, S. Lusso, M. Masera und S. Vallero: Monitoring of IaaS and scientific applications on the Cloud using the Elasticsearch ecosystem. – In: Journal of Physics Conference Series 608 (2015).

[20] RFC5424: The Syslog Protocol. Hrsg. Von IETF Trust. 2009.

[21] The MITRE Corporation: Common Event Expression: CEE, A Standard Log Language for Event Interoperability in Electronic Systems. URL: http://cee.mitre.org/ [Zugriff am 13.1.2016].

[22] A. Sapegin, D. Jaeger, A. Azodi, M. Gawron, F. Cheng und C. Meinel: Hierarchical object log format for normalisation of security events. – In: Information Assurance and Security (IAS), 2013 9th International Conference (2013), S. 25-30.

[23] D. Jaeger, A. Azodi, F. Cheng und C. Meinel: Normalizing Security Events with a Hierarchical Knowledge Base. – In: Information Security Theory and Practice (2015), S. 237-248

[24] D. Lang: Building a 100K log/sec logging infrastructure. – In: 26th Large Installation System Administration Conference (LISA '12) (2012), S. 203 – 213.

[25] R. Vaarandi und M. Pihelgas: Using Security Logs for Collecting and Reporting Technical Security Metrics. – In: Military Communications Conference (MILCOM) (2014), S. 294-299.

[26] J. Myers, M. Grimaila und R. Mills: Log-Based Distributed Security Event Detection Using Simple Event Correlator. – In: 44th Hawaii International Conference on System Sciences (HICSS) (2011), S. 1-7

[27] S. Reißmann, C. Pape und S. Rieger: RESTful Correlation and Consolidation of Distributed Logging Data in Cloud Environments. – In: CIW 2013: The Eighth International Conference on Internet and Web Applications and Services (2013), S. 194-199.

[28] Q. Fu, J.-G. Lou, Y. Wang und J. Li: Execution Anomaly Detection in Distributed Systems through Unstructured Log Analysis. – In: Ninth IEEE International Conference on Data Mining, ICDM'09 (2009), S. 149-158.

[29] Graylog: GELF | Graylog Extended Log Format.
URL: https://www.graylog.org/resources/gelf/ [Zugriff am 13.1.2016].

[30] Pivotal Software, Inc.: Spring Boot. URL: http://projects.spring.io/spring-boot/ [Zugriff am 13.1.2016].

[31] FasterXML, LLC: Jackson JSON Processor Wiki.
URL: http://wiki.fasterxml.com/JacksonHome [Zugriff am 13.1.2016].

OpenCV-basierte Zebrastreifenerkennung für Blinde und Sehbehinderte

Judith Jakob, Prof. Dr. Elmar Cochlovius

Fakultät Informatik
Hochschule Furtwangen
Robert-Gerwig-Platz 1
78120 Furtwangen
{Judith.Jakob, Elmar.Cochlovius}@hs-furtwangen.de

Abstract: Im Kontext der Forschungsaktivitäten im Bereich Smart Home und Cloud Computing an der Fakultät Informatik werden Ansätze zur kamerabasierten Hilfestellung für blinde und sehbehinderte Menschen untersucht. Es wird ein mit dem Open Source-Softwarepaket zur Bildverarbeitung OpenCV entwickelter Algorithmus zur Detektion von Zebrastreifen vorgestellt, der Ansätze eines ähnlichen Algorithmus aus dem Bereich der Fahrerassistenzsysteme nutzt und domänenspezifisch erweitert. Durch die Berücksichtigung mehrerer Blickwinkel, das Entfernen überflüssiger Informationen sowie durch weitere Anpassungen kann der Algorithmus für die Zielgruppe Blinde und Sehbehinderte nutzbar gemacht werden.

1 Einleitung

Der Einsatz von Kameras in Verbindung mit intelligenten Bildverarbeitungs- und -erkennungsalgorithmen ist ein sinnvoller Ansatz zur Unterstützung von blinden und sehbehinderten Menschen im Alltag. Erste Versuche kamerabasierter Assistenzsysteme reichen dabei von einer geeigneten Darstellung des Bildmaterials (z. B. SmartSpecs [1]) über die Interpretation von Bildinhalten in bestimmten Situationen (z. B. OrCam [2]) bis hin zu Systemen, mit denen signifikante Anteile der Umgebung des Anwenders diesem über nichtvisuelle Sinneswahrnehmungen zugänglich gemacht werden (z. B. vOICe [3]).

Im Gegensatz dazu sind kamerabasierte Funktionen im Anwendungsbereich der Fahrerassistenzsysteme bereits serientauglich entwickelt und kommen in aktuellen Fahrzeugmodellen zum Einsatz [4]. Hierzu gehören z. B. die Erkennung und Auswertung von Verkehrszeichen [5] und Fahrspuren [6] sowie die Kollisionsvermeidung [7] im Stop-and-Go-Betrieb und beim automatischen Ein- und Ausparken. Gründe für die geringe Verbreitung derartiger Systeme im Bereich des Ambient Assisted Living (AAL) könnten neben fehlenden Markt- und Wettbewerbsanreizen auch die im Gegensatz zu Fahrerassistenzsystemen erweiterten und nur schlecht einzugrenzenden Anwendungsszenarien und Rahmenbedingungen sein.

Im Kontext der Forschungsaktivitäten im Bereich Smart Home und Cloud Computing an der Fakultät Informatik der Hochschule Furtwangen (HFU) ist die prototypische Entwicklung eines kamerabasierten Assistenzsystems für Blinde und Sehbehinderte, bestehend aus einer tragbaren Kamera, einem Smartphone und einer Cloud-Anwendung in Planung. Den Anwendern werden in relevanten Situationen mit Hilfe von Bildverarbeitungsfunktionen und über die Cloud zur Verfügung gestellten Kontextinformationen konkrete Hilfestellungen geliefert. Eine Übersicht der verschiedenen kamerabasierten Assistenzsysteme sowie eine Beschreibung des geplanten Systems der HFU findet sich in [8].

Dieser Beitrag beschreibt einen mit OpenCV und Matlab entwickelten Algorithmus zur Detektion von Zebrastreifen, der Ansätze eines entsprechenden Algorithmus aus dem Bereich der Fahrerassistenzsysteme [9] verwendet. Durch die Betrachtung mehrerer Winkel, das Entfernen überflüssiger Informationen und durch weitere Anpassungen, kann der Einsatzbereich dieses Algorithmus auf die Zielgruppe blinder und sehbehinderter Menschen erweitert werden. In der Entwicklung wurde mit OpenCV, einer quelloffenen Bibliothek für Bildverarbeitung und maschinelles Sehen, gearbeitet. OpenCV lässt sich komfortabel in übliche Entwicklungsumgebungen, in unserem Falle Microsoft Visual Studio 2013, einbinden. Parallel dazu kam Matlab zum Einsatz. Es wurde die mitgelieferte Entwicklungsumgebung und die sogenannte Image Processing Tool Box als Bibliothek für Bildverarbeitung und maschinelles Sehen verwendet. Vorliegender Beitrag konzentriert sich aber größtenteils auf die OpenCV-Implementierung.

Kapitel 2 beschäftigt sich mit den für den Algorithmus benötigten Grundlagen. Die Open Source-Bibliothek OpenCV wird ebenso vorgestellt wie der Stand der Wissenschaft im Bereich der kamerabasierten Detektion von Fußgängerüberwegen und der grundlegende Algorithmus von Choi, Ahn und Kweon (CAK). In Kapitel 3 folgt eine ausführliche Beschreibung eines Algorithmus zur Zebrastreifenerkennung, der auf dem zuvor beschriebenen Algorithmus von CAK aufbaut. Die Zwischenschritte werden dabei anhand eines Referenzbildes verdeutlicht. Kapitel 4 liefert eine kritische Bewertung der aktuell erreichten Ergebnisse und Kapitel 5 gibt einen Ausblick auf sich daraus ergebende mögliche nächste Arbeitsschritte. In Kapitel 6 erfolgt eine abschließende Zusammenfassung.

2 Grundlagen

2.1 OpenCV

Diese Kurzbeschreibung von OpenCV folgt weitestgehend [10] und greift außerdem auf die Informationen aus [11] zurück. OpenCV steht für Open Source Computer Vision; es handelt sich hierbei um eine quelloffene C++/C-Bibliothek für Bildverarbeitung und maschinelles Sehen, die 1999 von Intel initiiert, später von der Firma Willow Garage [12] betreut wurde und heute von itseez [13] gepflegt wird.

OpenCV stellt Interfaces für C, C++, Python, Matlab und Java zur Verfügung und unterstützt Windows, Linux, Android und Mac.

Mittlerweile verfügt OpenCV über mehr als 2.500 optimierte Algorithmen und wird weltweit im Bereich der Bildverarbeitung und -erkennung verwendet. Dies belegen rund sieben Millionen Downloads und eine Benutzergruppe mit über 47.000 Mitgliedern.

OpenCV steht unter der BSD-Lizenz und kann sowohl in akademischen als auch kommerziellen Zusammenhängen verwendet werden. BSD steht für Berkeley Software Distribution und ist damit nach der University of California, Berkeley, dem Ursprungsort der Lizenz, benannt. Die einen geringen Umfang aufweisende BSD-Lizenz räumt dem Nutzer das Recht ein, die Software verändert oder unverändert zu vertreiben. Im Gegensatz dazu beinhaltet sie nur wenige Verpflichtungen, wie etwa das Nennen des Urhebervermerks, der Lizenzbestimmungen sowie des Gewährleistungsausschlusses im Quellcode [14].

Seit der Version 2.2 ist OpenCV in verschiedene Module aufgeteilt, wobei jedes Modul ein bestimmtes Themengebiet von Bildverarbeitung bzw. maschinellem Sehen abdeckt. Alle Klassen und Funktionen sind im Namespace *cv* definiert. Einen Überblick über die aktuellen Module und Beschreibungen derselben sind in der Online-Dokumentation [15] zu finden. Einige der wichtigsten Module sind:

Image file reading and writing: Methoden zum Lesen, Schreiben, Dekodieren und Enkodieren von Bildern.

Image Processing: Umfangreiches Modul, das die bekanntesten Algorithmen aus dem Bereich der Bildverarbeitung, u. a. Filter, morphologische Operationen, Objektdetektion und Histogrammberechnungen, enthält.

Video Analysis: Methoden zur Analyse von Bildsequenzen (Bewegungsanalyse, Nachverfolgung von Objekten).

Camera Calibration and 3D Reconstruction: Enthält alle relevanten Methoden zur Handhabung und Verarbeitung von 3D-Kamera-Daten.

Mit Hilfe der Module ermöglicht OpenCV die vielfältige Manipulation von Bildern. Dies erfolgt üblicherweise durch Verwendung der Klasse *Mat*, die eine Matrix mit Werten für jedes Pixel eines Bildes und zusätzliche Informationen über das Bild enthält. Neben der Größe der Matrix, respektive des Bildes, ist der Datentyp der Matrixelemente, respektive Pixel, wichtig. Beispiele für solche Datentypen sind *CV_8U* (ein Byte pro Kanal, unsigned integers, ein Kanal), *CV_8UC3* (ein Byte pro Kanal, unsigned integers, drei Kanäle) oder *CV_32F* (32 Bit pro Kanal, floating point, ein Kanal). Auf die Elemente von *Mat* kann über die Funktion *at(int x, int y)* zugegriffen werden; bei einer Iteration über ein Bild empfiehlt sich aus Laufzeitgründen aber die Verwendung von Pointern für den Pixelzugriff. Um Bilder über arithmetische Operatoren miteinander verbinden zu können, stellt OpenCV unter anderem folgende Funktionen zur Verfügung: *add, absdiff, multiply, divide, bitwise and*. Alternativ können die üblichen C++-Operatoren verwendet werden, da diese in OpenCV überladen sind.

Aufgrund der umfangreichen zur Verfügung stehenden Algorithmen und der ständigen Pflege und Weiterentwicklung der Bibliothek ist OpenCV ein weit verbreitetes Tool zur Entwicklung weiterführender Algorithmen in den Bereichen Bildverarbeitung und maschinelles Sehen.

2.2 Stand der Wissenschaft

Die kamerabasierte Erkennung von Fußgängerüberwegen ist neben der Unterstützung von blinden und sehbehinderten Menschen vor allem im Bereich der Fahrerassistenzsysteme relevant. Algorithmen in diesem Kontext gehen aufgrund der üblichen Kameraposition im Fahrzeug meist davon aus, dass Zebrastreifen als horizontale Strukturen vorliegen ([16], [17]). Diese Annahme gilt jedoch nicht für den vorliegenden Anwendungsfall des AAL. Da Zebrastreifen für Fußgänger in jedem beliebigen Winkel auftreten können, ist es nicht möglich, Algorithmen für Fahrerassistenzsysteme ohne entsprechende Anpassungen für Fußgänger zu übernehmen.

Für Blinde und Sehbehinderte entwickelte Algorithmen zur Detektion von Fußgängerüberwegen setzen meist auf den Einsatz der Hough-Transformation zur Detektion paralleler Linien. Wichtig ist in diesem Fall zwischen Zebrastreifen und anderen Artefakten wie z. B. Treppen unterscheiden zu können. Beispiele hierfür finden sich etwa in [18] und [19].

In vorliegender Arbeit wird der in [9] von Choi, Ahn und Kweon für Fahrerassistenzsysteme entwickelte Algorithmus als Grundlage genommen und so weiterentwickelt, dass ein Einsatz für blinde und sehbehinderte Fußgänger möglich ist. Dabei geht es zunächst um einen Software-basierten Lösungsansatz auf einer Standardplattform. Im Gegensatz dazu nutzen serientaugliche Produkte der Automobilindustrie spezielle Rechnerstrukturen, z. B. von Mobileye [20], mit bis zu zwei sogenannten Multithreaded Processing Clusters aus Quadcore-MIPS-CPUs für Kontroll- und Managementaufgaben, sechs Vector Microcode Prozessoren zur effizienten Ausführung der benötigten Bildverarbeitungsalgorithmen und zwei programmierbaren Macro Array Cores für weitere rechenintensive Aufgaben. Diese hochoptimierten Systemarchitekturen liefern bis zu 2,5 Teraflops bei nur minimalem Leistungsverbrauch von ca. 3 Watt. Dies ermöglicht die Anbindung von bis zu acht Kameras und deren Auswertung bei 36 Frames pro Sekunde (fps) [20], um einen sogenannten Sicherheitsraum um das Fahrzeug herum kontinuierlich zu detektieren.

2.3 Algorithmus von Choi, Ahn und Kweon

In [9] stellen Choi, Ahn und Kweon (CAK) einen Algorithmus zur Detektion von Zebrastreifen vor. Sie kombinieren diese Erkennung mit einer Ampeldetektion und geben eine Warnung aus, falls beide Detektoren erfolgreich sind. Da in Deutschland Zebrastreifen und Ampeln nicht generell gemeinsam auftreten, kann diese kombinierte Detektion im vorliegenden Fall nicht verwendet werden. Daher wird im Folgenden lediglich auf die beschriebene Zebrastreifendetektion eingegangen.

Entwickelt wurde der Algorithmus für ein Fahrerassistenzsystem, das mehrere am Fahrzeug montierte Kameras beinhaltet. Für die Zebrastreifendetektion wird hierbei eine gekippte Kamera verwendet, deren Bilder lediglich Straßen und keinen Hintergrund wie Häuser, Bäume und ähnliches abbilden. Es liegen zwar Farbbilder vor, aber nur der V-Kanal des HSV-Farbraumes wird für die Detektion benötigt.

Abbildung 1 zeigt die Grobstruktur des Algorithmus. Zunächst wird der V-Kanal des HSV-Farbraums berechnet und extrahiert. Anschließend wird ein 1D-Mittelwertfilter in x-Richtung angewandt. Das Differenzenbild zwischen gefiltertem und ursprünglichem V-Bild wird gebildet und per positivem und negativem Schwellwert in zwei Binärbilder umgewandelt. Es folgt ein morphologisches Postprocessing zum Entfernen von Störungen in den beiden Binärbildern. Diese werden anschließend mit einer bitweisen Oder-Operation zu einer Maske verbunden. Abhängig davon, ob diese Maske ein bandartiges Objekt enthält, wird die Entscheidung getroffen, ob ein Zebrastreifen vorliegt oder nicht.

Die Genauigkeit des Algorithmus wird in [9] mit 96,20 % korrekt detektierten Zebrastreifen und 0,66 % falsch-positiven Szenen angegeben.

Abbildung 1: Algorithmus von Choi, Ahn und Kweon [9]

Da der in Kapitel 3 vorgestellte und erweiterte Algorithmus auf dem von CAK basiert, können die Zwischenschritte anhand von Abbildung 3 im Wesentlichen nachverfolgt werden. Abbildung 3 stellt die Zwischenergebnisse des im folgenden Kapitel vorgeschlagenen Algorithmus dar. Dabei ist auch zu erkennen, dass im vorliegenden, aus Fußgängersicht aufgenommenen Beispielbild aufgrund der Orientierung des Zebrastreifens eine Filterung in x-Richtung nicht ausreicht, um den Zebrastreifen außerhalb einer typischen Fahrzeugposition sicher zu erfassen. In Versuchen mit dem von uns implementierten CAK-Algorithmus hat sich dies bestätigt.

3 Vorgeschlagener Algorithmus

Der vorgeschlagene Algorithmus baut auf dem in Kapitel 2 beschriebenen Algorithmus von CAK auf. Beim Übertragen auf den vorliegenden Anwendungsfall blinder und sehbehinderter Fußgänger sind vor allem zwei Einschränkungen zu erweitern. Zum einen kann der Zebrastreifen im Gegensatz zu Fahrerassistenzsystemen in jedem beliebigen Winkel auftreten, zum anderen beinhalten die Bilder im Allgemeinen nicht nur die Straße, sondern auch umliegende Häuser, Bäume und weitere Störungen.

Abbildung 2 zeigt den Ablauf des vorgeschlagenen Algorithmus. Im Gegensatz zum Algorithmus von CAK wird im ersten Schritt eine Glättung mit Hilfe eines Gaußfilters durchgeführt. An den folgenden Schritt, das Entfernen überflüssiger Bildinformation, werden ein Grauwertbild *und* ein RGB-Farbbild übergeben, im Gegensatz zum Algorithmus von CAK, der lediglich mit einem Grauwertbild (V-Kanal) weiterarbeitet. Die Verwendung beider Bilder im vorgeschlagenen Algorithmus ist notwendig, um im neu eingefügten zweiten Schritt irrelevante Hintergrundinformationen im Bezug auf Helligkeit und Farbe entfernen zu können. Der 1D-Mittelwertfilter wird in zwei Richtungen, x und y, angewandt, um Zebrastreifen beliebiger Orientierung erkennen zu können. Darüber hinaus wird der Filter so angepasst, dass das

Entfernen der überflüssigen Informationen keine negativen Auswirkungen auf das Ergebnis hat. Bei der Binarisierung werden in unserem Fall absolute Differenzen verwendet und zwischen x- und y-Richtung unterschieden. Der Algorithmus von CAK hingegen verwendet keine absoluten Differenzen und unterscheidet zwischen positiven und negativen Schwellwerten. Zum morphologischen Postprocessing und zum Entscheidungsschritt liegen in [9] nicht genügend Informationen vor, um einen genaueren Vergleich zu ziehen. In unserem Fall werden durch Schließung und Öffnung zunächst nahe beieinander liegende Regionen miteinander verbunden und anschließend kleinere Regionen entfernt. Die Entscheidung, ob ein Zebrastreifen vorliegt oder nicht, wird durch Betrachtung der Größen der zusammenhängenden Komponenten gefällt.

In den folgenden Abschnitten wird auf die einzelnen Schritte des vorgeschlagenen Algorithmus eingegangen. Dabei dient die Verarbeitung des Referenzbildes in Abbildung 3a) als Beispiel. Die Zwischenschritte des erweiterten Algorithmus werden mit Hilfe der Abbildungen 3c) bis 3j), die jeweils einen Ausschnitt des entsprechenden Zwischenschrittes zeigen, korreliert und erläutert.

Der Algorithmus geht von 8-Bit RGB-Bildern aus. Die verwendeten OpenCV-Methoden werden in den folgenden Abschnitten passend angegeben.

Abbildung 2: Ablauf des Detektionsalgorithmus

3.1 Preprocessing

Im Rahmen des Preprocessings wird zunächst das vorliegende 8-Bit RGB-Bild mit einem Gaußfilter geglättet (OpenCV-Methode: *GaussianBlur()*). Das geglättete Bild wird anschließend mittels der Methode *cvtColor()* und dem Code *CV_RGB2GRAY* in ein Grauwertbild umgewandelt. Beide Bilder, das geglättete Farbbild sowie das ebenfalls geglättete Grauwertbild, werden im nächsten Schritt benötigt.

3.2 Entfernen überflüssiger Bildinformation

Ein Problem beim Übertragen des Algorithmus aus Kapitel 2 auf die vorliegende Situation ist, dass die von Blinden und Sehbehinderten gemachten Aufnahmen im Allgemeinen überflüssige Bildinformationen enthalten, die den Algorithmus negativ beeinflussen können.

Die Pixel eines Zebrastreifens haben einerseits eine geringe Sättigung und andererseits weder sehr dunkle noch sehr helle Grauwerte. Daher können, um den Einfluss der oben genannten Faktoren zu verringern, Pixel mit einer Sättigung über einem gewissen Schwellwert und über- bzw. unterbelichtete Pixel, ebenfalls mit Hilfe von Schwellwerten, auf Null gesetzt werden. Diese Pixel werden für die weiteren Berechnungen nicht in Betracht gezogen.

Abgesehen vom Pixelzugriff werden keine OpenCV-Methoden verwendet. Die Farbinformation wird im weiteren Verlauf nicht mehr benötigt.

Die Abbildungen 3c) und d) zeigen zwar das Ergebnis des nachfolgenden Schrittes, aber durch die schwarzen Flächen ist das Ergebnis des Entfernens überflüssiger Informationen gut zu erkennen.

3.3 1D-Mittelwertfilter

Um die Winkelproblematik zu lösen, ist es nötig den 1D-Mittelwertfilter nicht nur in x-Richtung, wie in [9], sondern auch in y-Richtung anzuwenden. Durch die später erfolgende Kombination der sich ergebenden Masken, siehe 3.6, werden Zebrastreifen jeder beliebigen Orientierung erkannt.[1]

Für jedes Pixel wird der Mittelwert einer gewissen Umgebung in x- bzw. y-Richtung berechnet. Wichtig ist, dass die Pixel, deren Werte im vorherigen Schritt auf Null gesetzt wurden, nicht in die Mittelberechnung mit einbezogen werden. Der Filter in x-Richtung lautet daher wie folgt:

$$O(x,y)=\frac{\sum\limits_{\substack{-len\leq k\leq klen\\ I(x+k,y)\neq 0}} I(x+k,y)}{\#\{(x+k,y)\mid I(x+k,y)\neq 0,-len\leq k\leq len\}}$$

Dabei beschreibt O das Ausgabe- und I das Eingabebild; die Größe der betrachteten Umgebung beträgt $2\cdot len+1$. Der Filter in y-Richtung ergibt sich entsprechend.

[1] Voraussetzung hierfür ist, dass die Größe des Filters mindestens dem maximalen Abstand zwischen den Streifen, gemessen in x- bzw. y-Richtung, entspricht. Alternative Ansätze wie das Drehen des Bildes in mehrere Richtungen und eine anschließende Filterung in nur eine Richtung sind denkbar, haben aber Nachteile in der Laufzeitbetrachtung, gerade bei leistungsschwächeren mobilen Systemen.

Abweichend vom CAK-Algorithmus werden die Null-Werte nicht in die Berechnung einbezogen. Daher wird hier ebenfalls keine vorgefertigte OpenCV-Methode verwendet.

Die Abbildungen 3c) und d) zeigen die in x- und y-Richtung gefilterten Bilder.

3.4 Binarisierung

Mit Hilfe der OpenCV-Methode *absdiff()* werden die absoluten Differenzenbilder zwischen dem geglätteten Grauwertbild und den beiden gefilterten Bildern berechnet. Über eine Schwellwertbildung erfolgt die Binarisierung der Differenzenbilder.

Die Differenzenbilder sind in den Abbildungen 3e) und f) dargestellt. Die binarisierten Masken sind in 3g) und h) zu sehen, allerdings erst nach dem nächsten Schritt, dem morphologischen Postprocessing.

3.5 Morphologisches Postprocessing

Die im vorherigen Schritt berechneten binären Masken werden getrennt voneinander prozessiert. Zunächst werden mit einem kleinen Strukturelement und einer Schließung nahe beieinander liegende Objekte miteinander verbunden. Anschließend werden durch eine Öffnung mit einem größeren Strukturelement nicht relevante Objekte entfernt. Die Strukturelemente werden mit *getStructuringElement()* erstellt, die morphologischen Operationen mit *morphologyEx()* angewandt.

3.6 Bitweise Oder-Operation und Entscheidung

Die zuvor gefilterten Masken werden über eine bitweise Oder-Operation miteinander verbunden, siehe Abbildung 3i). Es ist zu sehen, dass der Zebrastreifen im Beispielbild größtenteils über die Filterung in y-Richtung detektiert wird. Lediglich zwei vertikale Lücken werden durch Hinzunahme der Information der x-Richtung geschlossen.

Für die kombinierte Maske werden die zusammenhängenden Komponenten (OpenCV-Methode *connectedComponents()*) bestimmt. Trotz des Entfernens überflüssiger Informationen werden kleinere Regionen zunächst als mögliche Zebrastreifen detektiert. Mit Hilfe eines Schwellwertes bezüglich der Größen der zusammenhängenden Komponenten wird die Entscheidung getroffen, ob eine Komponente einen Zebrastreifen darstellt oder nicht. Zuvor fälschlicherweise detektierte, kleinere Regionen werden so aus der Maske entfernt. Dies ist in Abbildung 3j) zu sehen.

a) Originalbild

b) Detektierter Zebrastreifen

c) In x-Richtung gefiltert

d) In y-Richtung gefiltert

e) Differenzenbild x-Richtung [2]

f) Differenzenbild y-Richtung [2]

g) x-Maske nach Postprocessing

h) y-Maske nach Postprocessing

i) Kombinierte Maske

j) Nach Entscheidung

Abbildung 3: Zebrastreifendetektion: Ergebnis und Zwischenschritte

[2] Für die Druckdarstellung hat sich eine Kontrastverstärkung als notwendig erwiesen.

4 Kritische Betrachtung der erreichten Ergebnisse

In den bisher getesteten Bildern werden alle Zebrastreifen, die eine gewisse Größe überschreiten, erkannt. Allerdings kommt es zu einer erhöhten Anzahl von falschen Positiven.

Dies ist vor allem auf den noch stark vereinfachten Entscheidungsschritt des Algorithmus zurückzuführen, der sich lediglich an der Größe der zusammenhängenden Komponenten orientiert.

Darüber hinaus reduziert zwar der zweite Schritt, das Entfernen überflüssiger Bildinformation, den Einfluss von Hintergrundinformationen bereits erheblich, allerdings sind hier weitere Verbesserungen denkbar, um die Anzahl der falschen Positive zu verringern.

Die Winkelproblematik wird durch das Verwenden eines Mittelwertfilters in y-Richtung, zusätzlich zur Filterung in x-Richtung, gelöst.

Im Rahmen der Entwicklung wurde parallel zu OpenCV auch Matlab genutzt. Im Vergleich von OpenCV und Matlab bestätigen sich die Resultate aus [21]. Matlab-Code ist kompakter und benötigt insgesamt weniger Code-Zeilen, z. B. wegen nicht notwendiger Speicher-Allokation. Im vorliegenden Fall werden für den nicht-optimierten Code mit Matlab rund 30 % weniger Zeilen benötigt. OpenCV hingegen bietet gewisse Vorteile im Bereich Laufzeit. In [21] wird von einem Faktor zwischen vier und 30, in Einzelfällen sogar bis zu 100, gesprochen. In den Versuchen zum hier beschriebenen Algorithmus wurde bereits mit nicht-optimiertem Code ein Faktor zwischen zwei und drei erreicht.

Der Einsatz von OpenCV für die Entwicklung des hier vorgeschlagenen Algorithmus wird als positiv bewertet. Bekannte Algorithmen wie der Gaußfilter und die morphologischen Operationen können sehr einfach eingesetzt werden. Durch die Überladung allgemeiner Operatoren werden arithmetische Operationen, hier etwa |, > und <, intuitiv durchgeführt. Aber auch kompliziertere Aufgaben, wie das Bestimmen der zusammenhängenden Komponenten, können problemlos durch Zurückgreifen auf vorhandene OpenCV-Methoden umgesetzt werden. Da eine Algorithmenentwicklung aber im Allgemeinen aus mehr als der Aneinanderreihung von bereits existenten Algorithmen besteht, ist es unerlässlich, eigene Methoden zu entwickeln. Hierfür ist der Pixelzugriff, den OpenCV zur Verfügung stellt, ein wichtiges Werkzeug.

5 Ausblick

Mit dem vorgestellten Algorithmus werden erste, vielversprechende Ergebnisse erzielt. Für die Zukunft sind die folgenden Schritte zur Weiterentwicklung und Validierung geplant:

Die Anzahl der falschen Positive kann verringert werden, indem der Entscheidungsschritt auf eine Plausibilitätsprüfung der zusammenhängenden Komponenten, etwa durch Betrachtung der Histogramme, zurückgeführt wird. Darüber hinaus ist eine weitere Verbesserung des zweiten Schrittes, des Entfernens überflüssiger Bildinformation, geplant.

Zur weiteren Steigerung der Robustheit kann die gleichzeitige Detektion von Zebrastreifenschildern, die im Allgemeinen zusammen mit Zebrastreifen auftreten, herangezogen werden. Außerdem ist in Kamerasequenzen die Betrachtung mehrerer aufeinanderfolgender Frames möglich.

Da im Rahmen der Entwicklung des kamerabasierten Assistenzsystems an der HFU weitere Algorithmenentwicklungen im Bereich Bildverarbeitung anstehen, wird ein umfangreicher Vergleich zwischen OpenCV und Matlab bezüglich Handhabung und Geschwindigkeit angestrebt.

Eine wichtige Herausforderung bei der Entwicklung von Assistenzsystemen sind Test und Validierung in realistischen Anwendungssituationen, damit eine hinreichende Robustheit und funktionale Absicherung sichergestellt werden können. Um die Basisfunktionalität der Zebrastreifenerkennung an einer hohen Anzahl verschiedener Objektausprägungen zu überprüfen, ist die Path-Funktion von Google Earth zu nutzen und die damit erzeugten Bildsequenzen mit dem beschriebenen Algorithmus zu untersuchen.

Darüber hinaus liefern auf der Hough-Transformation basierende Algorithmen (z. B [18], [19]) interessante Ausgangspunkte für weitergehende Vergleiche der resultierenden Laufzeit und Erkennungsgenauigkeit von Zebrastreifen.

6 Zusammenfassung

Es wurde ein Algorithmus zur Detektion von Fußgängerüberwegen für die Zielgruppe blinder und sehbehinderter Menschen vorgestellt. Aufbauend auf einem für Fahrerassistenzsysteme entwickelten Algorithmus [9], erfolgt eine Anpassung an die vorliegende Anwendungssituation, etwa durch die Betrachtung mehrerer Winkel und das Entfernen überflüssiger Informationen.

Ab einer gewissen Größe werden die Zebrastreifen zuverlässig detektiert, allerdings liegt derzeit eine verhältnismäßig hohe Anzahl an falschen Positiven vor. Es wurden Strategien zur Reduktion der falschen Positive, etwa eine

Plausibiltätsprüfung in Frage kommender Regionen, und zur Steigerung der Robustheit, etwa die Hinzunahme einer Detektion von Zebrastreifenschildern, dargestellt.

Im Rahmen der Entwicklung kam die Open Source-Bibliothek OpenCV für Bildverarbeitung und maschinelles Sehen zum Einsatz. Durch die zahlreichen Filter und Operationen, die intuitive Überladung von Operatoren sowie den schnellen Pixelzugriff, erweist sich OpenCV als leistungsfähiges Werkzeug zur Algorithmenentwicklung im Bereich Bildverarbeitung und maschinelles Sehen.

Literatur

[1] VA-ST, Oxford, UK: SmartSpecs. URL: http://www.va-st.com/smart-specs/ [Zugriff am 16.01.2016]

[2] OrCam. URL: http://www.orcam.com/ [Zugriff am 16.01.2016]

[3] vOICe: Augmented realtiy for the totally blind. URL: https://www.seeingwithsound.com/ [Zugriff am 16.01.2016]

[4] A. Smirnovk und I. LashNov: State of the Art Analysis of Available Advanced Driver Assistance Systems – In: Proceedings of the Open Innovations Associations FRUCT conference (2015)

[5] B. Höferlin und K. Zimmermann: Towards reliable traffic sign recognition – In: Intelligent Vehicles Symposium IEEE (2009)

[6] X. Miao, S. Li und H. Shen: On-board lane detection system for intelligent vehicle based on monocular vision – In: International journal on smart sensing and intelligent systems (2012) Nr. 4

[7] M. Lu, K. Wevers und R. Van Der Heijden: Technical feasibility of advanced driver assistance systems (ADAS) for road traffic safety – In: Transportation Planning and Technology (2005) Nr. 3

[8] J. Jakob, E. Cochlovius und C. Reich: Kamerabasierte Assistenz für Blinde und Sehbehinderte: State of the art – In: InformatikJournal 2016/17, Fakultät Informatik, Hochschule Furtwangen, 2016. ISBN 978-3-00-051538-5. Hrsg. von Steffen Thiel, Mohsen Rezagholi

[9] J. Choi, B. T. Ahn und I. S. Kweon: Crosswalk and traffic light detection via integral framework – In: 19th Korea-Japan Joint Workshop on Frontiers of Computer Vision (2013)

[10] I. Culjak, D. Abram, T. Pribanic, H. Dzapo und M. Cifrek: A brief introduction to OpenCV – In: Proceedings of the 35th International Convention MIPRO (2012)

[11] itseez: OpenCV. URL: http://www. http://opencv.org/ [Zugriff am 11.01.2016].

[12] Willow Garage. URL: https://www.willowgarage.com/ [Zugriff am 13.01.2016]

[13] itseez: itseez – Vision that works! URL: http://www.itseez.com/ [Zugriff am 13.01.2016]

[14] U. Widmer und K. Bähler: Open-Source-Lizenzen – Wesentliche Punkte für Nutzer, Entwickler und Vertreiber – In: Open Source Jahrbuch (2006)

[15] OpenCV 3.0.0 Modules. URL: http://docs.opencv.org/3.0.0/modules.html [Zugriff am 16.01.2016]

[16] A. Haselhoff und A. Kummert: On visual crosswalk detection for driver assistance systems – In: Intelligent Vehicles Symposium (IV) (2010 IEEE)

[17] S. Sichelschmidt, A. Haselhoff, A. Kummert, M. Roehder, B. Elias und K. Berns: Pedestrian crossing detecting as a part of an urban pedestrian safety system – In: Intelligent Vehicles Symposium (IV) (2010 IEEE)

[18] S. Wang und Y. Tian: Detecting stairs and pedestrian crosswalks for the blind by RGBD camera – In: IEEE International Conference on Bioinformatics and Biomedicine Workshops (2012)

[19] S. Se: Zebra-crossing detection for the partially sighted – In: Proceedings of IEEE Conference on Computer Vision and Pattern Recognition (2000) Nr. 2

[20] Mobileye. URL: http://www.mobileye.com/press-room/moving-closer-automated-driving-mobileye-unveils-eyeq4-system-chip-first-design-win-2018/ [Zugriff am 16.01.2016]

[21] S. Matuska, R. Hudec und M. Benco: The comparison of CPU time consumption for image processing algorithm in Matlab and OpenCV – In: ELEKTRO (2012)

FUSEE – Plattformunabhängige Open-Source Umgebung zur Echtzeit 3D-Darstellung

Prof. Christoph Müller

Fakultät Digitale Medien
Hochschule Furtwangen
Robert-Gerwig-Platz 1
78120 Furtwangen
mch@hs-furtwangen.de

Abstract: FUSEE (Furtwangen University Simulation and Entertainment Engine) ist eine Funktionsbibliothek zur Echtzeit-3D-Visualisierung, die seit drei Jahren an der Fakultät Digitale Medien der Hochschule Furtwangen entwickelt wird. In diesem Beitrag soll, neben einem Überblick über das Projekt, gezeigt werden, wie FUSEE als Open-Source-Projekt von anderen Open-Source-Projekten profitiert. Das Hauptaugenmerk dieses Beitrags liegt auf drei Details der Architektur von FUSEE, die in dieser Art auch in Nicht-Game-Applikationen verwendet werden können, um grundlegende Aspekte wie Plattformunabhängigkeit, Serialisierung und Funktionalitäts-Anbindung an bestehende Software zu implementieren.

1 Was ist FUSEE

Als Open-Source-Library soll FUSEE eine Alternative zu bestehenden, derzeit von kommerziellen Anbietern dominierten Lösungen bilden. FUSEE ist plattformunabhängig, d.h. mit FUSEE implementierte Applikationen laufen als kompilierte Stand-Alone Anwendungen auf Desktop-Systemen, als native Apps auf Mobil-Systemen, sowie plug-in-frei als HTML5/JavaScript Anwendungen auf Desktop- und Mobil-Browsern.

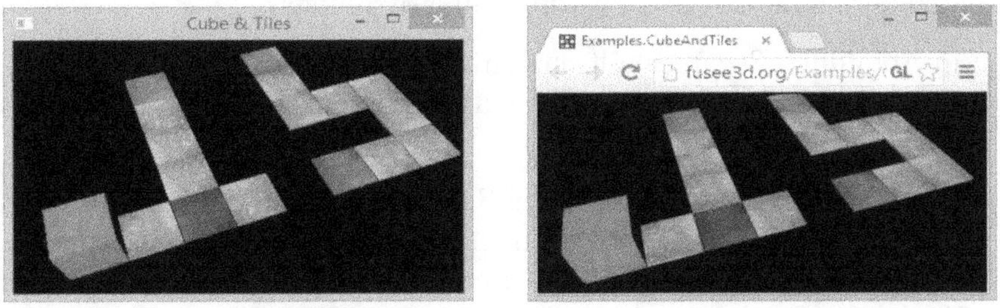

Abbildung 1: Eine FUSEE-Game als Stand-Alone Executable und als plug-in freie Web-Applikation.

Der Funktionalitäts-Umfang von FUSEE lässt sich im Bereich so genannter Game-Engines einordnen.

1.1 Game Engines

Dieser offene definierte Begriff bezeichnet Funktionsbibliotheken, meist begleitet von Software-Werkzeugen zur Erstellung von Echtzeit-3D-Applikationen im Allgemeinen und 3D-Games im Besonderen. Derartige Funktionsbibliotheken decken in Games benötigte Funktionalitäts-Bereiche ab, so dass Anwendungs-Entwickler diese Funktionalität in einer einheitlichen und einfach zugänglichen Art und Weise in ihren Applikationen verwenden können. Zu diesen Funktionalitäts-Bereichen zählen:

Scene Management – Verwaltung von in einer Echtzeit-3D-Szene dargestellten Objekten und deren Eigenschaften.

Asset Management – Laden, konvertieren, Verändern und Speichern der in einer 3D-Applikation vorkommenden Datenformate wie 3D-Geometrie, Animationen, 2D-Bilder (Texturen) und Sounds.

Animation – Echtzeit-Darstellung von Key-frame-Animationen und deren Anwendung auf beliebige Parameter innerhalb der Applikation.

Physik-Simulation – Berechnung von 3D-Po¬sitionen und Orientierungen auf Basis von Impulsen, Kollisionen, Wirkung von Kraft und Drehmoment und Bewegungs-beschränkungen.

Netzwerk-Kommunikation – Synchronisation und Austausch von Zustands-Informationen und Eingabegeräte-Ereignissen.

Input Management – Verwaltung von Eingabegeräten wie Maus, Tastatur, Touch, Gamepad, Kinect.

Rendering – Zugriff auf die GPU über bestehende Schnittstellen wie O-penGL, DirectX, und WebGL.

Sound-Ausgabe – Abspielen von Sound-Daten, Kontrolle über Lautstärke und Stereo-Panorama, Mischen von mehreren Sounds.

Wie in Abbildung 2 dargestellt, lassen sich Game-artige Anwendungen, die mit Hilfe einer Game-Engine entwickelt wurden, als dreischichtiger Entwurf darstellen.

Der Applikationscode in der obersten Schicht greift auf die o.G. Funktionalitäts-Bereiche der Game-Engine zurück. Diese sitzt als mittlere Schicht zwischen Applikation und Plattform. Dieser Begriff beschreibt die Kombination aus Hardware, Betriebssystem und gegebenenfalls weiterer Komponenten, die die Umgebung bilden, auf der die Applikation laufen soll.

Insbesondere umfangreichere Game-Engines bieten die Möglichkeit, Anwendungs-Code (oberste Schicht) mit möglichst wenigen Änderungen auf unterschiedlichen Plattformen lauffähig zu machen. Eine Reihe der Funktionalitäts-Bereiche sind nicht in der Engine selbst implementiert, sondern werden durch die Plattform zur Verfügung gestellt, wie z.B. 3D-Rendering, Netzwerk-Zugriff, Sound-Ausgabe und Eingabegeräte. Die Aufgabe der Game-Engine in diesen Fällen ist es, für Applikations-Entwickler eine einheitliche, plattformunabhängige Zugriffs-schicht zu bieten. Innerhalb der Game-Engine gibt es dann für jede unterstützte Plattform eine Plattform-Adapter-Schicht, die die Funktionalitäts-Anfragen der Applikation in eine auf die jeweilige Plattform adaptierte Art und Weise weiterleitet.

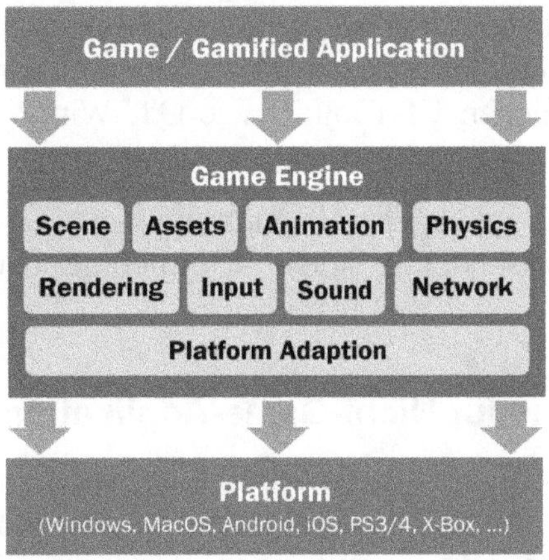

Abbildung 2: Dreischichtige Architektur einer Game-Applikation. In der Mitte die Game-Engine. Graue Pfeile bedeuten: „Quelle ruft Funktionalität in Ziel auf".

Große, zumeist kommerzielle, Game-Engines enthalten darüber hinaus oft eine umfangreiche grafische Editierungs-Software („Game-Editor"), in der große Bereiche der Funktionalität für Game-Entwickler interaktiv erstellt und editiert werden können. FUSEE geht hier, wie im Weiteren gezeigt wird, einen anderen Weg.

1.2 Ziele von FUSEE

Da es bereits eine Vielzahl von Game-Engines, sowohl im kommerziellen wie auch im Open-Source-Umfeld gibt, stellt sich die Frage, in welchen Punkten sich FUSEE von existierenden Game-Engines unterscheidet.

1.2.1 Modulare Komponenten statt Monolith

Die meisten bestehenden Game-Engines werden als monolithische Bibliotheken mit einem fest definierten Funktionalitäts-Satz ausgeliefert. Oftmals gibt es einen zentralen Editor, in dem die zu erstellende Applikation interaktiv verändert werden kann, manchmal mit einem integrierten Code-Editor oder einer engen Anbindungen an eine bestehende integrierte Entwicklungsumgebung (IDE). Hiermit erzeugte Anwendungen sind meistens ebenso monolithische Anwendungen, die nur aus einem 3D-Hauptfenster bestehen. Komplexe Anwendungen, in denen eine Echtzeit-3D-Ausgabe u.U. nur ein Teil der Gesamtfunktionalität und des User-Interface ausmacht, lassen sich mit diesen Ansätzen oft nur schwer bis gar nicht realisieren.

FUSEE versteht sich als leichtgewichtige Sammlung voneinander weitgehend unabhängiger und austauschbarer Komponenten, aus denen je nach Umgebung Anforderung und Anwendungsfall eine passende Auswahl getroffen werden kann. Mit diesem Ansatz ließ sich mit FUSEE realisierte Funktionalität bereits erfolgreich nahtlos in bestehende Applikationen einbetten, die mit unterschiedlichen UI-Toolkits wie QT, WinForms und der WPF erstellt wurden.

Sowohl die Rendering-Ausgabe als auch die Eingabe kann leicht durch die Implementierung passender Adapter an beliebige Umgebungen angepasst werden.

1.2.2 Game-Engine für Nicht-Game-Applikationen

Mit einem modularen Ansatz ist FUSEE gerüstet, auch in Nicht-Game-Applikationen zum Einsatz zu kommen. Die Integration einer monolithischen Game-Applikation, die mit einer klassischen Game-Engine erstellt wurde, in eine umgebende Anwendung, so dass die Game-Applikation sich nahtlos funktionell und bedienbar als Visualisierungskomponente einfügt, gestaltet sich gleich in zwei Punkten schwierig:

Zum einen müssen Entwickler die Visualisierungskomponente in der Game-Engine (im Game-Editor) entwickeln, die umgebende Applikation in einer anderen Entwicklungsumgebung, zum anderen lässt sich eine Stand-Alone-Applikation, die ein eigenes Applikationsfenster erzeugt und Eingabe-Ressourcen blockiert nur schwer und oft mit Tricks als Kind-Fenster einer übergeordneten Applikation einbinden.

Mit FUSEE erstellte Applikationen erfordern keine umfangreichen Umgebungen, für die hohes Spezialwissen erforderlich ist. Somit lassen sich Komponenten mit Game-Charakter, z.B. interaktive Visualisierungen leicht in bestehende Applikationen einbinden.

1.2.3 Modulare Asset-Pipeline für automatisierbare Prozesse

Anwendungen mit starkem Fokus auf Visualisierung, wie Games oder Anwendungen mit Game-Charakter, enthalten einen hohen Anteil an Inhalten, die nicht durch Programmierung zu Stande kommen. Derartige Inhalte, wie z.B. 3D-Modelle, Texturen (2D-Bilder), Sound-Daten usw. werden im Game-Umfeld „Assets" genannt. In Games werden diese Daten typischerweise von Gestaltern mit Fachwissen in den jeweiligen Bereichen erstellt.

In Nicht-Game Anwendungen ist es oft wünschenswert, dass derartige Daten, vor allem 3D-Modelle und Texturen, automatisiert aus bereits vorhandenen Daten übernommen und konvertiert werden können. In industriellen Prozessen bilden CAD-Daten reale, zu erstellende oder zu bearbeitende Objekte ab. Es wäre naheliegend, derartige Daten für interaktive Applikationen wie z.B. Produktpräsentationen, elektronische Handbücher, Konfiguratoren, etc. zu verwenden und dabei die visualisierenden Modelle automatisiert aus den vorhandenen Daten zu konvertieren. Oft scheitern derartige Vorhaben daran, dass die Entwicklung einer automatisierten Konvertierung von vorhandenen CAD-Daten in ein für eine Visualisierung geeignetes Format zu aufwändig ist. Ein Ziel von FUSEE ist es, für die automatische Konvertierung von 3D-Inhalten Komponenten zur Verfügung zu stellen, so dass die Entwicklung so genannter Asset-Pipelines erleichtert wird.

1.2.4 Plattformunabhängig mit Web-First

Unter den Game-Engines die mehrere Plattformen unterstützen (d.h. dass mit diesen Engines erstellte Applikationen auf unterschiedlichen Betriebssystemen/Rechnerarchitekturen etc. lauffähig sind) gibt es bereits einige, die Applikationen erzeugen können, die in Web-Browsern Plug-In-frei lauffähig sind. Um das zu ermöglichen, muss die Game-Engine die zu erstellende Applikation komplett in JavaScript erzeugen, da dies die einzige Möglichkeit ist, programmierte Funktionalität in einem von allen Browsern nativ (d.h. ohne Plug-In) unterstützten Format zu hinterlegen.

Derzeit existierende JavaScript-Laufzeitumgebungen sind sehr leistungsfähige Compiler, die aus JavaScript-Code „just-in-Time", d.h. kurz vor der Ausführung hochoptimierten Maschinencode erzeugen. In praktisch allen zeitgemäßen Browsern wie Chrome, Firefox oder Edge ist eine solche JavaScript-Engine enthalten. Zusammen mit der in HTML5 eingeführten Möglichkeit, über die JavaScript-Programmierschnittstelle „WebGL" direkt auf vorhandene GPU-basierte Echtzeit-3D-Funktionalität zugreifen zu können, sind prinzipiell mit JavaScript in Web-Browsern lauffähige Echtzeit-3D-Applikationen möglich, die sich in der Performance mit Stand-Alone-Applikationen vergleichen lassen.

FUSEE wurde von Anfang an im Hinblick die Lauffähigkeit im Web-Browser entwickelt. Die dazu notwendigen technischen Voraussetzungen sind in Abschnitt 2.2.1 beschrieben.

1.2.5 Einsetzbar in Industrie, Forschung und Lehre

FUSEE wurde als Gegenstand einer Lehrveranstaltung ins Leben gerufen, wurde in Veröffentlichungen behandelt und kommt bereits in Industrieprojekten zum Einsatz. Um den unterschiedlichen Anforderungen gerecht zu werden, sind die im Folgenden genannten Grundeigenschaften unabdingbar:

- Leicht erlernbar, um auch Programmier-Anfängern den Einstieg zu erleichtern und in einsemestrigen Veranstaltungen ergebnisorientiertes Arbeiten zu ermöglichen.
- Robust, um als Grundlage für industrielle Anwendungen zu dienen.
- Erweiterbar, um Forschung und Weiterentwicklung basierend auf FUSEE zu ermöglichen.

1.3 Derzeitiger Entwicklungsstand

Die Grundlagen von FUSEE sind aus einem zwei Semester dauernden Projektstudium an der Fakultät Digitale Medien der Hochschule Furtwangen hervorgegangen. Während dieser Zeit entwickelten acht Studierende unter Anleitung des Autors die Grundlagen der Bibliothek. Seitdem wurde das Projekt im Rahmen von weiteren Veranstaltungen, Thesen, kleineren Industrieprojekten und in der Freizeit des Autors vorangetrieben. Haupt-Augenmerk der Entwicklung ist derzeit die Implementierung geeigneter Adapter auf möglichst vielen Plattformen, sowie die Bereitstellung der eingangs genannten Funktionalitäts-Blöcke.

2 Architektur

In diesem Abschnitt sollen einige Architekturmerkmale von FUSEE beschrieben werden, die auch in Nicht-Game-Applikationen oder -Libraries mit ähnlichen Voraussetzungen vor allem im Hinblick auf die Plattformunabhängigkeit Anwendung finden können.

2.1 C# als Entwicklungssprache

FUSEE verwendet C# als Entwicklungssprache, da diese aus der Erfahrung des Autors eine geeignete Kombination aus den im Folgenden genannten drei Aspekten bietet:

Modern, professionell und richtungsweisend – Als zeitgemäße, gemanagte Sprache mit hochoptimierter Laufzeitumgebung, einer umfangreichen Standard-Klassenbibliothek und der in der Games-Branche am häufigsten eingesetzten Entwicklungsumgebung (IDE) bietet C# ein Umfeld für professionelle Soft-ware-Entwicklung bei gleichzeitig flacher Einstiegskurve für Entwickler ähnlich wie Java. Aktuelle Strömungen, wie z.B. Eigenschaften funktionaler Programmiersprachen wie Lambda-Ausdrücke und Closures in die derzeit vorwiegend eingesetzten objektorientierten Sprachen einfließen zu lassen, wurden zunächst in C#/.Net eingeführt und dann von anderen Sprachen wie Java oder C++ adaptiert. Produktivitätssteigernde Erweiterungen der Sprache wie LINQ oder async/await gibt es derzeit nur in C#.

Plattformunabhängig und offen – C# ist ursprünglich als Entwicklung von Microsoft entstanden, aber inzwischen vollständig offen. Die Sprach-Spezifikation wird von der ECMA standardisiert (2), Microsoft selbst hat die Standard-Klassenbibliothek sowie die neuste Version des Compilers („Roslyn" (3)) als OpenSource lizensiert, zudem gibt es mit Mono eine O-penSource-Adaption der Laufzeit-Umgebung und der Standard-Klassenbibliothek, die zudem auf allen gängigen Rechnerarchitekturen und Betriebssystemen bei Binärkompatibilität der erzeugten Assemblies lauffähig ist.

Hardwarenah trotz Hochsprache – Gerade die hardware-nahe Programmierung von Echtzeit-3D-Funktionalität, bei der große Datenmengen zwischen CPU und GPU ausgetauscht werden müssen, erfordert es, die Daten lückenlos, gepackt und mit definiertem Layout im Speicher anzuordnen. Während viele aktuelle Hochsprachen dies nur über hand-codierte Index-Arithmetik in Byte-Arrays erlauben, ermöglicht C# den Zugriff auf derartige Daten über strukturierte Datentypen einer Hochsprache (structs, ähnlich wie Klassen), die als sich als Value-Typen linear und mit geeigneter Annotierung byte-genau im Speicher anordnen lassen. Darüber kann sämtliche aus C/C++ bekannte Pointer-Arithmetik auch in C# verwendet werden.

2.2 Plattformunabhängigkeit

Neben der durch die Wahl von C#/.NET/Mono gewonnen Plattformunabhängigkeit, ist eines der Ziele, dass auf FUSEE basierende Applikationen auch in Web-Browsern lauffähig sind.

2.2.1 C# im Browser?

Da Browser nur JavaScript „verstehen", muss ein Weg gefunden werden, um die in C# geschriebene Funktionalität nach JavaScript zu übersetzten. Funktionalität aus einer Quellsprache nach JavaScript zu übersetzten, ist nicht neu. Mit den Projekten Google Web Toolkit (4) und emscripten (5) existieren zwei bekannte Vertreter dieser Kategorie für die Quellsprachen Java und C/C++ (eigentlich LLVM). Mit **JSIL** von Kevin Gadd (6) wurde ein Open-Source-Projekt gefunden, das einen geeigneten Cross-Compiler implementiert, so dass zunächst prinzipiell die Transformation von C#-Code nach JavaScript möglich ist.

Wie in Abbildung 3 dargestellt, übersetzt der JSIL Cross-Compiler den auf FUSEE basierenden Applikations-Code nach C# (oberste Schicht). Genau genommen findet die Transformation nicht direkt aus dem C# Code statt, sondern zunächst erzeugt der C# Compiler das durch den .NET-Standard definierte IL (Intermediate Language) Format. Dieses ist vergleichbar mit dem Byte-Code aus der Java-Welt oder dem LLVM Bitcode. JSIL kann aus diesem Zwischenformat lauffähiges JavaScript erzeugen. Gegenüber einem direkten Compilieren aus der Quellsprache (C#) ergeben sich hier zwei Vorteile:

1. Keine Diskrepanzen zwischen Original-C#-Compiler und JavaScript Cross-Compiler. Erweiterungen des Sprachstandards (zuletzt mit C# v6) müssen nicht direkt im Cross-Compiler nachgebildet werden.
2. Auch andere Programmiersprachen (wie z.B. die funktionale Sprache F#) können vom selben Cross-Compiler nach JavaScript compiliert werden.

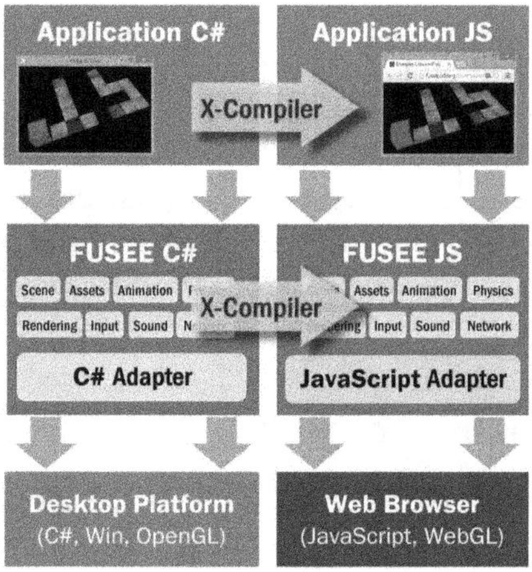

Abbildung 3: Ein Cross-Compiler erzeugt JavaScript Code aus der in C# implementierten Applikation. Auch die Engine kann teilweise cross-compiliert werden. Grüne Pfeile bedeuten „Cross-Compiler transformiert Quell-Code nach Ziel-Code“.

Ob sich eine Applikation erfolgreich mit einem Cross-Compiler in die Web-Umgebung nach JavaScript übersetzen lässt, hängt im Wesentlichen davon ab, wie stark der zu übersetzende Code von darunterliegenden plattformspezifischen Bibliotheken abhängt, bzw. ob die Bibliotheken, auf denen der Code aufbaut, in der Zielplattform (ggf. ebenfalls durch Cross-Compilieren) vorhanden sind.

Auf FUSEE aufbauende Applikationen lassen sich deswegen nach JavaScript übersetzen, weil sämtliche FUSEE-Funktionalität auch in JavaScript implementiert ist. Um das zu bewerkstelligen, werden große Teile von FUSEE ebenfalls mit dem JSIL Cross-Compiler übersetzt. Lediglich plattform-abhängiger Adapter-Code, der im Browser mit HTML5-Schnittstellen ganz anders implementiert werden muss, als in einer Stand-Alone-Applikation muss von Hand codiert und gewartet werden.

2.2.1 C# im Shader?

Ein in Echtzeit-3D-Applikationen häufig vorkommender Bestandteil ist so genannter Shader-Code. Dabei handelt es sich um Programm-Code in einer Programmiersprache, die (meist erst zur Laufzeit der Applikation) für die Ausführung auf der GPU compiliert wird. Die beiden vorrangigen Aufgaben dieses Codes sind zum einen die Transformationen der Eckpunkte von 3D-Modellen in Bildschirmkoordinaten und zum anderen die Farbberechnung der einzelnen Pixel der grafischen Ausgabe, z.B. auf Grund von Beleuchtungssimulationen. Derartige Berechnungen können auf GPUs mit SIMD-Architektur wesentlich schneller als auf einer (eher MIMD-artigen) CPU ausgeführt werden.

Es existieren mehrere Sprachstandards für unterschiedliche Plattformen, so dass sich auch hier die Frage stellt, ob und wie aus einer einzigen Code-Basis Shader-Code für unterschiedliche Plattformen erzeugt werden kann. In FUSEE kommen als plattform-spezifische hardware-nahe APIs für den Zugriff auf die GPU unterschiedliche Varianten von OpenGL zum Einsatz, nämlich Standard-OpenGL auf dem Desktop, OpenGL ES 3.0 auf Android/iOS sowie WebGL in Web-Browsern.

Alle Varianten erlauben es, einen kleinsten gemeinsamen Nenner plattformabhängiger Dialekte der mit OpenGL verknüpften Shader-Programmiersprache (GLSL) auszuführen, sodass es möglich ist, gemeinsamen Shader-Code zu schreiben, wenn sich dieser auf die Schnittmenge der von allen Varianten unterstützten Funktionalität beschränkt. Derzeit verwendet FUSEE diesen Ansatz. Sollten in Zukunft in FUSEE andere APIs mit anderen Shader-Sprachen, wie z.B. HLSL (DirectX), Cg, oder SPIR (Vulkan), die keine Gemeinsamkeiten aufweisen, zum Einsatz kommen, kann dieser Ansatz nicht weiter verfolgt werden.

Bereits 2013 wurde in einer Bachelor-Thesis an der Fakultät DM der HFU gezeigt, dass es möglich ist, einen Cross-Compiler zu entwickeln, der wie JSIL den .NET-IL-Code als Quellformat akzeptiert und unterschiedliche Sha-der-Sprachen als Zielformat erzeugt. Die Ergebnisse der Arbeit sind als experimenteller Code Bestandteil des FUSEE-Projektes (7), werden aber im derzeitigen Produktiv-Code von FUSEE noch nicht verwendet.

2.3 Serialisierung

Fast jede Art von Software muss an irgendeiner Stelle Daten serialisieren, sei es, um Daten über Prozess- oder Rechnergrenzen hinweg zu übertragen, oder diese persistent auf einem Medium zu speichern oder von dort zu laden. FUSEE und darauf aufbauende Applikationen speichern beispielsweise hierarchische 3D-Szenenbeschreibungen als Austauschformat zwischen 3D-Editor-Software und Echtzeit-Visualisierungs-Anwendung.

Zeitgemäße Programmier-Umgebungen erlauben es, automatisch Serialisierungscode für benutzerdefinierte Klassen und Strukturen zu erzeugen. Mit diesem Ansatz können für beliebig strukturierte Daten automatisch Funktionen erzeugt werden, die diese Daten in einen Stream schreiben oder aus einem Stream lesen.

Die in die Standard-Klassenbibliothek von C#/.NET bereits eingebauten Möglichkeiten zur Serialisierung sind leider aus mehreren Gründen unbefriedigend. Mit protobuf-net (8) wurde eine Open-Source-Bibliothek gefunden, die folgende Anforderungen von FUSEE an eine Serialisierung erfüllt:

1. Serialisierungs-Funktionalität wird direkt aus Klassen-Deklarationen erstellt. Keine Strukturdefinitionen in einer weiteren Sprache notwendig.
2. Schnelle und effiziente Binär-Serialisierung.
3. Vor- und Rückwärtskompatibilität der Dateiformate, d.h. mit älteren Versionen des Serialisierungscode geschriebene Daten sind auch von neueren Versionen lesbar und umgekehrt.

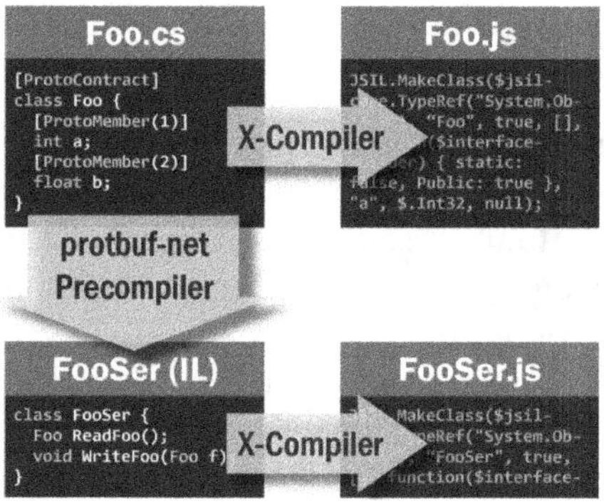

Abbildung 4: Der Serialisierungscode in JavaScript entsteht durch die Hintereinander-Anwendung des protobuf-net-Precompiler und des JSIL-Cross-Compiler.

Wie in der linken Hälfte von Abbildung 4 zu sehen, genügt es, eine Klasse (Foo) mit geeigneten Attributen zu annotieren, damit der protobuf-net Precompiler daraus lauffähigen Code zur Serialisierung und Deserialisierung erzeugt. Das funktioniert nicht nur mit einzelnen Klassen sondern mit beliebigen Klassen-Beziehungen, sowie Arrays und Listen, so dass beliebige zur Laufzeit vorhandene Objekt-Graphen inklusive zirkulären Referenzen serialisiert und deserialisiert werden können, ohne dass Benutzer dazu eine einzige Zeile Code schreiben müssen.

Die besondere Herausforderung bei FUSEE war es, dass auch mit dem JSIL-Cross-Compiler erzeugte JavaScript Applikationen in der Lage sein sollen, Dateien im Binär-Format mit anderen FUSEE Applikationen auszutauschen, und zwar mit komplett automatisch generiertem Serialisierungs-Code. In der oberen Hälfte von Abbildung 4 ist zu sehen, wie der JSIL Cross-Compiler die Klasse Foo, nach JavaScript übersetzt.

Es soll aber auch die Serialisierung in JavaScript möglich sein. Um dieses Ziel zu erreichen, musste der protobuf-net Code-Generator, der aus Klassendeklarationen Serialisierungs-Code erzeugt, so umgeschrieben werden, dass der erzeugte Serialisierungs-Code (im IL-Format) sich wiederum durch den JSIL-Cross-Compiler nach JavaScript übersetzen ließ. Die untere Hälfte in Abbildung 4 zeigt, wie der IL-Code, der bereits durch den protobuf-net-Compiler aus der Datenklasse erzeugt wurde, nun durch Cross-Compilieren mit dem JSIL-Compiler in JavaScript-Code umgewandelt wird.

2.4 Anbindung an Editor-Software

Da FUSEE keinen eigenen Editor zur Erzeugung oder Verwaltung von Assets wie z.B. 3D-Szenen enthält, sondern sich hier bewusst als Funktionalitäts-Bibliothek versteht, um an Prozesse aus bestehender Standard-Software angeflanscht werden zu können, ist es wichtig, dass Funktionalität, die in FUSEE implementiert wurde, innerhalb von existierender Standard-Editor-Software zur Verfügung steht.

Üblicherweise lassen sich große Software-Pakete wie z.B. 3D-Modellierungs-Tools durch die Programmierung von Plug-Ins erweitern. Die meisten solcher umfangreichen Werkzeuge sind in C/C++ implementiert und bieten daher auch Plug-In-Schnittstellen in C/C++ an. Nicht selten enthalten solche Schnittstellen, bedingt durch die Komplexität der Editor-Software, mehrere hundert Klassen und Funktionen.

2.4.1 C# in C++ Plug-Ins?

Um FUSEE-Entwicklern, die in C# arbeiten, den Zugriff auf die C/C++Plug-In-API einer Software zu ermöglichen, müssen sämtliche Klassen und Funktionen der API in C# zur Verfügung stehen, so dass Plug-In-Entwickler in C# auf die Funktionalität zugreifen können. Zudem müssen Callback-Mechanismen möglich sein, mit denen die C/C++-Applikation Events und Callbacks im C# Code aufrufen kann. Es existieren Entwurfsmuster, wie C#-

Wrapper-Klassen für C++Klassen implementiert werden können, die diese Zwei-Wege-Anbindung über die Sprachbarriere ermöglichen. Darüber hinaus muss es einen in C++ geschriebenen Adapter geben, der zur Laufzeit die Anbindung des C#-Codes an die Plug-In-Schnittstelle der Applikation übernimmt, hier muss u.A. die virtuelle Maschine gestartet werden, die die Just-In-Time Übersetzung und Ausführung des IL-Code übernimmt.

Eine erste Anwendung dieser Art in FUSEE ist ein Exporter für das in FUSEE verwendete Szenen-Format für die kommerzielle 3D-Modellierungs-Software CINEMA 4D, die an der Fakultät DM der HFU in Zahlreichen Veranstaltungen verwendet wird. Mit diesem Plug-In ist es möglich, in CINEMA 4D gestaltete Szenen in das FUSEE-Datei-Format (das durch Klassendeklarationen und protobuf-net realisiert wird) zu exportieren. CINEMA 4D wird mit einer C++ API geliefert, die knapp unter 1000 Klassen und entsprechend viele Methoden enthält. Der Aufwand, hierfür C#-Wrapper-Klassen von Hand zu schreiben, ist zu hoch.

Mit **SWIG** (9) existiert eine Open-Source-Lösung, die, wie ein Compiler, C/C++ Header-Dateien lesen kann und nach benutzerdefinierten Regeln daraus Wrapper-Code für eine Reihe von Ziel-Sprachen, darunter auch C#, erzeugen kann. Benutzer können dabei sehr feingranuliert Einfluss auf den entstehenden Code nehmen, so dass auch sehr detaillierte Feinheiten bei der Erzeugung von Wrapper-Code berücksichtigt werden können.

Das mit diesem Ansatz realisierte Export-Plug-In erzeugt exportierte 3D-Szenen im FUSEE-Format einfach dadurch, dass in C# über die mit SWIG abgebildete Plug-In-API Szenen-Daten ausgelesen werden und in durch FUSEE implementierte Datencontainer geschrieben werden. Ein solcher Objektgraph, wird dann mit dem durch den protbuf-net-Compiler automatisch erzeugten Serialisierungs-Code in eine Datei geschrieben. Schließlich kann eine JavaScript-Web-Applikation, die durch Cross-Compilierung aus C# entstanden ist, mit dem im Abschnitt beschriebenen Verfahren die Daten wieder einlesen und in Echtzeit visualisieren.

Durch den Ansatz weitgehend automatisiert erzeugten Codes kann FUSEE Funktionalität schnell in beliebige Umgebungen und Prozesse integriert werden.

3 Verwendung von Open-Source in FUSEE

Der derzeitige Entwicklungsstand von FUSEE wäre ohne die Verwendung umfangreicher Open-Source-Libraries und –Werkzeuge nicht möglich. Neben den bereits genannten Open-Source-Projekten JSIL, protobuf-net und

SWIG kommen folgende weitere Open-Source-Projekte bei der Erstellung und Entwicklung zum Einsatz

Bullet (10) – Physik-Library für Kollisionen und simulierte mechanische Bewegung.

FreeType/SharpFont (11) – Font-Rendering und Zugriff auf Font-Daten auf allen nicht-Web-Plattformen.

Opentype.js (12) – Font-Rendering und Zugriff auf Font-Daten für die Web-Plattform.

SFML/Audio (13) – Audio-Zugriff für die Desktop-Plattformen.

AForge/ffmpeg (14) – Video-Zugriff für Bewegtbild-Texturen.

git (15) – Quell- und Versionsverwaltungs-werkzeug.

Mono (16) – .NET Laufzeitumgebung und Standard-Klassenbibliothek für alle Nicht-Windows-Plattformen wie Android, MacOS und iOS.

clang (17) – Open-Source C/C++ Compiler des LLVM-Projektes. Wird verwendet, um native Libraries (wie FreeType) für mobile Plattformen wie Android und iOS zu bauen. Ist seit Visual Studio 15 in die IDE integriert.

4 Einsatz in Lehre, Forschung und Entwicklung

FUSEE wird derzeit in folgenden Lehrveranstaltungen des Autors eingesetzt:

Computergrafik, 2. Semester Bachelor Pflichtveranstaltung – Studierende exportieren mit dem FUSEE-Plug-In CINEMA 4D Übungsaufgaben für die Darstellung im Web.

Game Engineering, Bachelor Hauptstudium, Wahlpflichtveranstaltung. Studierende lernen den grundsätzlichen Aufbau einer Game-Engine und üben deren Anwendung.

Software-Entwicklung in Media, Master Pflichtveranstaltung. Ausgewählte Beispiele für neuartige Programmieransätze mit zeitgemäßen Programmiersprachen im Games-Bereich.

Game Development, Master Pflichtveranstaltung. Studierende technischer und gestalterischer Fachrichtungen sollen projektbezogen ein Werk – basierend auf FUSEE – im Rahmen einer einwöchigen Blockveranstaltung („Game Jam“) erstellen.

Folgende Entwicklungs-Projekte wurden/werden mit FUSEE realisiert:

Traxplorer – Bahntrassenvisualisierung für Laser-Scanning-Daten. Projekt mit dem Fraunhofer Institut für Physikalische Messtechnik, Freiburg.

Pylon – Berührungsloser Point-of-Sale Kiosk. ZIM-gefördertes Projekt mit einem KMU im Bereich Appliances/Hardware/Displaytechnologie.

Daneben ist FUSEE Gegenstand zahlreicher Bachelor- und Master-Thesen an der Fakultät DM der HFU, sowie dreier Veröffentlichungen des Autors im Jahre 2014, davon eine auf der SIGGRAPH in Vancouver (1).

Literatur

[1] Müller, Christoph und Gärtner, Fabian: Cross-compiled 3D web applications: problems and solutions. Proceeding SIGGRAPH'14, New York 2014. Artikel Nr. 93.

[2] ECMA: Standard ECMA-334. Juni 2006. URL: URL: http://www.ecma-international.org/publications/standards/Ecma-334.htm [Zugriff am 13.01.2016].

[3] Microsoft: Roslyn. URL: URL: https://github.com/dotnet/roslyn [Zugriff am 16.01.2016].

[4] Google: GWT. URL: URL: http://www.gwtproject.org/overview.html [Zugriff am 16.01.2016].

[5] Zakai, Alon: emscripten. URL: https://github.com/kripken/emscripten [Zugriff am 16.01.2016].

[6] Gadd, Kevin: JSIL. URL: http://jsil.org/ [Zugriff am 01.01.2016].

[7] Gärtner, Fabian: CrossSL. URL: https://github.com/FUSEEProjectTeam/Fusee/tree/develop_lh/src/CrossSL [Zugriff am 16.01.2016].

[8] Gravell, Marc: protobuf-net. URL: https://github.com/mgravell/protobuf-net [Zugriff am 17.01.2016].

[9] Beazley, Dave und andere: Swig. URL: http://www.swig.org/ [Zugriff am 17.01.2016].

[10] Coumans, Erwin und andere: Bullet Physics. URL: http://bulletphysics.org/ [Zugriff am 17.01.2016].

[11] Turner, David und Lemberg, Werner: Freetype. URL: http://www.freetype.org/ [Zugriff am 17.01.2016].

[12] EMRG - St. Lucas University, Antwerpen: opentype.js. URL: https://nodebox.github.io/opentype.js/ [Zugriff am 17.01.2016].

[13] Gomila, Laurent: SFML. URL: http://www.sfml-dev.org [Zugriff am 17.01.2016].

[14] Kirillov, Andrew: AForge.NET. URL: http://www.aforgenet.com/ [Zugriff am 17.01.2016].

[15] Torvalds, Linus: git. URL: https://git-scm.com/ [Zugriff am 17.01.2016].

[16] de Icaza, Miguel und andere: Mono. URL: http://www.mono-project.com/ [Zugriff am 17.01.2016].

[17] University of Illinois: clang. LLVM. URL: http://clang.llvm.org/ [Zugriff am 17.01.2016].

Call Response Rate as Baseline for Detecting DRDoS Attack in Cloud Database Service

Dada O. Aborisade*, Christoph Reich*, Adesina S. Sodiya,** and Adio T. Akinwale**

*Faculty of Computer Science
Hochschule Furtwangen
Robert-Gerwig-Platz 1
78120 Furtwangen, Germany

**College of Physical Sciences
Federal University of Agriculture,
Abeokuta, Nigeria.
dada.olaniyi.aborisade@hs-furtwangen.de, rch@hs-furtwangen.de, sinaronke@yahoo.co.uk, akinwaleat@funaab.edu.ng

Abstract: The advent of cloud database has no doubt brought tremendous change to the way cloud-based applications are designed and supported. With cloud database service, cloud-based applications are better supported, accessible, and appreciated. The gains of cloud database services are however strained and challenged by different forms of attacks on the cloud and its services. Prominent among these attacks is Distributed Reflected Denial of Service (DRDoS) attack. In this paper, a baseline value for detecting DRDoS attack on cloud database service that is based on query call response rate is investigated, determined and professed. To achieve this, an instance of cloud database virtual machine was instantiated on a cloud infrastructure. A varied number of networked nodes used as (DRDoS) botnet attackers were set up to make service call on the cloud database virtual machine. The experiment results show that (i) the baseline value 5 calls per minute is the minimum database query call response rate (baseline value) below which attack on a cloud database service should be detected and (ii) that the query call response rate from a cloud database virtual machine only depend on the number of calling nodes in the network and not on the total number of calls made on the virtual machine or quantity of network packets generated.

1 Introduction

Cloud computing has brought a paradigm shift in the database technology landscape [1]. More usage of cloud services has necessitated an increase in provisioning of database services. Cloud Database Service is the service available and delivered to users on-demand using the Internet and virtualization technologies on the cloud database provider's cloud infrastructures [1].

It is also called Database-as-a-Service (DBaaS). Cloud Database Service offers benefits such as increased users accessibility, automated on-demand scaling, scalability, availability and improved performance. Cloud databases could either be SQL databases or NoSQL databases. A typical database-as-service setup involves running traditional SQL databases like PostgreSQL, NuoDB, Oracle, Microsoft SQL Server MySQL or native cloud databases such as Cassandra and MongoDB on in a Virtual Machine Image. Distributed Reflection Denial of Service (DRDoS) attack. DRDoS is a form of Distributed Denial of Service (DDoS), while and Distributed Denial of Service (DDoS) can be described as an organized network of distributed computers commonly tagged as Botnet for the purpose of achieving Denial of Service (DoS) attack [2]. Of all the internet-based attacks, Denial of Service (DoS) attack in its various forms, such as DDoS and DRDoS are the most prevalent threats to the cloud and its services and the most critical and of great concern to cyber security professionals [3]. Cloud-based solutions which depend on database services have become more attractive to users now than ever before owing to their scalability and availability attributes [4]. As more and more individuals and organisations embrace the use of cloud-based applications, issue of cloud and cloud database security has drawn the attention of cyber security researcher. Security and privacy issues on cloud and cloud database such as potential loss of data, survivability and inability to access critical data in the event of a disaster or bankruptcy of the cloud database has become the centre stage of research in recent times. In this paper, a baseline value for detecting DRDoS attack on cloud database service that is based on query call response rate is studied and proposed. The remaining section of the paper is organised as follows Section 2 discusses reviews of previous related work on cloud and cloud database security. Section 3 discusses the design methods and architecture for the proposed idea. Section 4 presents the results and evaluation for the work while section 5 summarizes and concludes the paper.

2 Related Work

In [5] an approach for system call analysis that is based upon analysis of system call sequences generated by the virtual machines to the hypervisor for anomaly detection in cloud environment is presented. Their proposed implementation prevents virtual machine attackers from modifying frequently executed programs [5]. They also developed an Intrusion Detection System (IDS) to monitor network traffic and policy violations from unauthorized users. The IDS developed was used to detect intrusions by monitoring system activity and finding out patterns that do not comply with the normal behavior [5]. In [6] introduced a novel scheme and built a system to detect and classify anomalies that is based on an elegant combination of frequent item-set mining with decision tree learning. Their approach has two key features namely effectiveness and simplicity. [6] proposed scheme was evaluated using traffic traces from two real networks from the European-wide backbone network of GEANT and from a regional peering link in Spain. They achieved overall classification accuracy greater than 98% and a false-positive rate of approximately only 1% [6]. Mohammed and Martin in [7] worked on introduction to intrusion detection systems (IDS) and surveyed different Denial of Service/ Distributed Denial of Service (DoS or DDoS) detection techniques. Mohammed and Martin in [7] observed that a non-parametric cumulative sum (CUSUM-based) detection technique has many advantages over other statistical instruments in that it is non-parametric; consequently, it does not require training and is more robust to variations in the attack profile [7]. In [8] local flow monitoring was employed for detecting DDoS attack based on entropy variation. They professed that the packet marking technique is not feasible because to it consume more memory and because of its poor measurability [8]. Yoohwan *et al* [9] presented a baseline profile stability for network anomaly detection. In their study, they analyzed the actual traffic traces from two Internet traffic archives and verify the traffic stability by various aspects. Their analysis shows that there are significant differences in the traffic patterns among different sites [9]. They also observed that there are some differences between different time of day or different days, even within a site, suggesting that different profiles are needed for different times [9]. The result of this study can be used practically to anomaly-based IDS for determining the stability of the traffic for a particular site, and the number of required traffic profiles based on the traffic patterns [9]. In [3] adaptive and hybrid neuro-fuzzy systems were proposed as sub-systems of the ensemble for detecting distributed denial of service attack. In their research, they focus on the improvement of Adaptive Neuro-Fuzzy Inference System (ANFIS) performance by choosing Sugeno type Adaptive Neuro-Fuzzy Inference System (ANFIS) as a base classifier since Mamdani type ANFIS is not suitable for real time due to its high computational complexity and non-adaptiveness to extract exact knowledge from the dataset. They proposed DDoS classification algorithm called NFBoost which differs from the existing methods in weight update distribution strategy, error cost minimization, and ensemble output combination method. Kumar and Selvakumar in [3] proposed NFBoost algorithm that was achieved by combining ensemble of classifier outputs and Neyman Pearson cost minimization strategy, for final classification decision [3].

3 Proposed Architecture for Detecting DRDoS

3.1 Proposed Architecture

The review of related and existing literatures shows that a lot of research works exist in intrusion detection, DoS (Denial of Service), DDoS (Distributed Denial of Service) attacks on network and cloud environment, however, little or no research work exist in the area of detecting and resolving DRDoS attacks on cloud database.

The continuous popularity and growth in the adoption of cloud application has brought about the need for more secured cloud database against all forms of attack, especially DRDoS (Distributed Reflected Denial of Service) attack. Figure 1 represents the proposed architecture for determining a baseline value to for detecting DRDoS attack on cloud database service using database query call response rate. It is made up of the three standard cloud layers namely the physical hardware layer, the virtual storage and machine layer and cloud management system layer. The physical hardware layer consists of the physical server and the physical Databases that represent the physical hardware infrastructures supporting the cloud.

The virtual storage and machine layer consists of the virtualized storage, virtualized server and the SQL service.

The Cloud management system layer consists of the monitor, the JDBC connector, the security access and control module, and the API.

The API provides access to the database service infrastructure through a secure shell socket. Access and Control module represents the user authentication process to use the cloud service.

The Monitor is the module where user and cloud service transactions are monitored to detect anomaly transaction calls for necessary stop and restart. JDBC represents the Java Database Connector driver through which the Java API communicates the cloud database.

Storage Virtualization represents the virtualization process of the physical storage in of the cloud infrastructure and virtualized servers represent depicts the virtualization process of the physical servers in the cloud infrastructure.

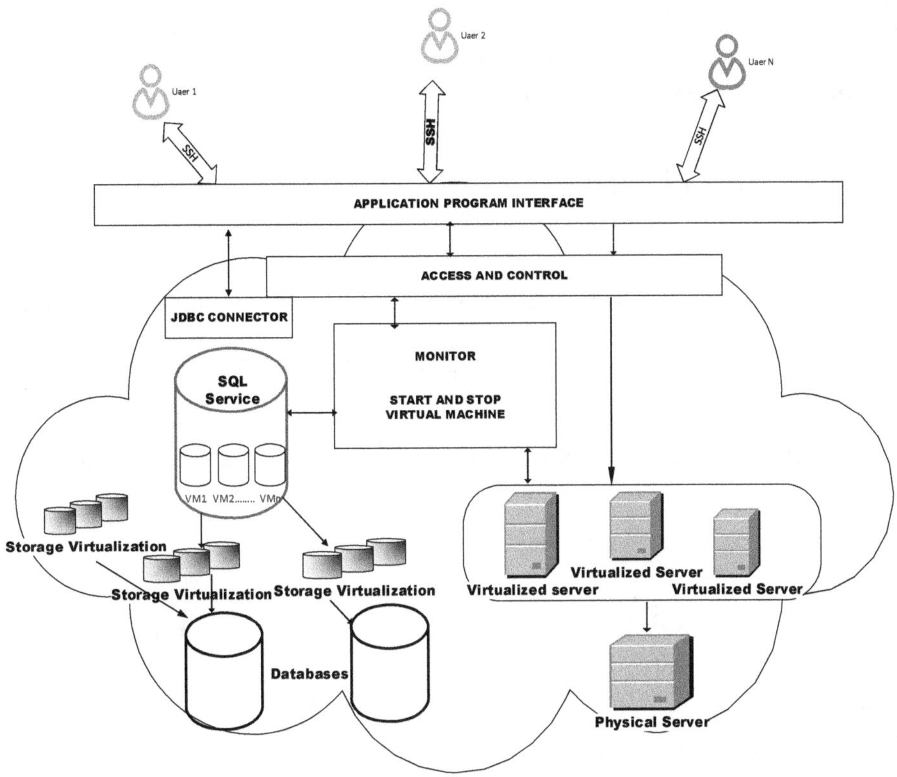

Figure 1: Architecture for determining baseline value with Call Response Rate in DRDoS attack.

3.2 Proposed Mathematical Model Cloud Database Service

This section models all users on a cloud database service. This is important in that it shows that the activities and transactions of legitimate and malicious users can be modeled using probability concept in a cloud database service system S.

In a given cloud database service, it is equally likely for users to be either legitimate users or attacking users. Suppose that m represents all cloud database users in a cloud service S (including attacking users and legitimate users), it suffices to say that there are $\binom{m}{n}$ different sets of n all database users of the system S, denoted by $S_1, S_2, \ldots\ldots\ldots S_T$ when $T = \binom{m}{n}$. Let S_k

represent the situation where all n users in S_k are either legitimate users or attacking users. The probability that there exist either n legitimate users or n attacking users among the all m users is

$$P = P\left(\bigcup_{k=1}^{m} S_k\right). \qquad \text{Eqn(1)}$$

Similarly, assume that S_k be the set of attacker in a cloud database service of n users with $\binom{n}{2} = n(n-1)/2$. The probability that all n users in S_k are either legitimate user or attacking users is $\left(\frac{1}{2}\right) n(n-1)/2$. Hence, the probability is

$$S_k = 2\left(\frac{1}{2}\right) n(n-1)/2 \qquad \text{Eqn(2)}$$

Applying $P(S_1 \cup S_2 \cup \ldots \ldots \cup S_m \leq P(S_1)+P(S_2)+\ldots\ldots\ldots+ P(S_m)$, if S_1, $S_2, \ldots\ldots S_m$ are situations from a finite sample space. We get

$$p\left(\bigcup_{k=1}^{m} S_k\right) \leq \sum_{k=1}^{m} p(S_k) = \binom{m}{n}.S_k \qquad \text{Eqn(3)}$$

3.3 Query Call Response Rate

The detection scheme being proposed in this work is based on query call response rate on a virtual machine that offers cloud database service to several calling nodes on the same network. Within the context of this work, query call response rate is defined as follow;

Definition 1 (Column 3): *Query Call Response rate is the number of SQL query results that the cloud database service virtual machine is able to return to each of the calling nodes in one minute (60 seconds).*

3.4 Experimental Procedure

An instance of cloud virtual machine was created and installed with web server and MySQL database server for cloud SQL database service on a cloud infrastructure, as shown in the architecture in figure 1. The specifications for the virtual machine setup include; Ubuntu server 14.04 LTS m1.tiny

Image, 512MB RAM, 1VCPU, and 5GB Hard Disk. A varied number of networked nodes were set up to make service call on the cloud database virtual machine. These networked nodes are meant to assume the role of attackers or botnets in a Distributed Reflected Denial of Service (DRDoS) attack. The network of 5 nodes is first allowed to make SQL query call (using a Java Application) to the virtual machine instance, before network of 10 nodes, then network of 25 nodes, and then network of 50 nodes. Each network of nodes (machines) was used to make SQL query call to the virtual machine instance. Every node in the networks just described was also allowed to make 200, 500, 1000, 1500, 2000, 2500, and 3000 calls to the cloud database service at different times. This was repeated 10 different times for all the calls. In the experiment, the number of SQL query results gotten from the database virtual machine instance on each of the 5 networked nodes, 10 networked nodes, 25 networked nodes, and 50 networked nodes within a period of one minute (60 seconds were observed and recorded.

4 Results and Discussion

4.1 Results

The results of the experiments are as indicated in the following tables.

Table1 shows the results values in a network of 5 networked nodes.

Table 2 shows results for 10 networked nodes, Table 3 shows the results gotten when 25 networked nodes were used while Table 4 gives the result for 50 networked machines.

Table 1: Call Response Rate results on five (5) networked nodes

No. of Nodes Used	No of Application Call from Users Node	Cloud Database Call Response Rate (per minute)	Avg. no. of Packets (per experiment)
5	200	41	24,876
5	500	38	38,661
5	2,000	40	130,544
5	2,500	40	185,300
5	3,000	40	229,960

Table 2: Call Response Rate results on ten (10) networked nodes

No. of Nodes Used	**No of Application Call from Users Node**	**Cloud Database Call Response Rate (per minute)**	**Avg. no. of Packets (per experiment)**
10	1,000	20	622,162
10	1,500	20	942,900
10	2,000	20	1,270,068
10	2,500	14	1,555,405
10	3,000	14	1,766,486

Table 3: Call Response Rate results on twenty-five (25) networked nodes

No. of Nodes Used	**No of Application Call from Users Node**	**Cloud Database Call Response Rate (per minute)**	**Avg. no. of Packets (per experiment)**
25	1,000	11	726,182
25	1,500	11	984,235
25	2,000	11	1,384,040
25	2,500	8	1,567,860
25	3,000	7	1,801,720

Table 4: Call Response Rate results on fifty (50) networked nodes

No. of Nodes Used	**No of Application Call from Users Node**	**Cloud Database Call Response Rate (per minute)**	**Avg. no. of Packets (per experiment)**
50	1,000	5	7,301,630
50	1,500	5	10,952,445
50	2,000	5	15,602,000
50	2,500	4	19,252,700
50	3,000	4	21,900,201

The following definitions explain the meaning of four column titles and their corresponding values in table1 to 4.

Definition 2 (Column 1)*: Number of nodes used refers to the number of networked machines used to make query calls to the cloud database service in the experiment at a time.*

Definition 3 (Column 2)*:Number of application call from user's node is the number of SQL query calls made to the virtual machine offering the database service by each of the calling nodes from the networked nodes (i.e. network of 5, network of 10, network of 25, and network of 50) in one experiment.*

***Definition 4 (Column 4)**: Average number of packets refers to the total number of packets generated in all the experiments carried out divided by the number of times the experiment is carried out.*

Observations:

It was observed in Table 1 that an average of 40 call response took place in 1 minute (i.e 60 seconds) from each of the 5 networked nodes making query calls to the virtual machine database server at the same time. The same number of call response was observed for 200, 500, 2000, 2500 and 3000 calls from the 5 networked nodes. From table 2, it was observed that an average of 17 call response took place in 1 minute (i.e 60 seconds) from each of the 10 networked nodes making query calls to the virtual machine database server at the same time. The same call response was gotten for 1000, 1500, and 2000 2500, and 3000 calls from the 10 networked nodes in the laboratory. In table 3 it was also observed that an average of 9 call response took place in 1 minute (i.e 60 seconds) from each of the 25 networked nodes making query calls to the virtual machine database server at the same time. The same call response was gotten for 1000, 1500, and 2000, 2500, and 3000 calls from the 25 networked nodes in the laboratory. Table 4 shows that an average of 5 call response took place in 1 minute (i.e 60 seconds) from each of the 50 networked nodes making query calls to the virtual machine database server at the same time. The same call response was gotten for 1000, 1500, 2000, 2500 and 3000 calls from the 50 networked nodes in the laboratory.

4.2 Discussion

From the results described in section 4.1, it is observed that with 5 networked nodes calling the same virtual machine of the specifications described in section 3.4 at the same time, an average of 40 cloud database query call response was returned in one minute by the virtual machine to these 5 networked nodes at the same time for 200, 500, 2500 or 3000 calls. Similarly, an average of 17 cloud database query call response was returned in one minute by the virtual machine to these 10 networked nodes at the same time for 1000, 1500, and 2000 2500, and 3000 calls. Also, an average of 9 cloud database query call response was returned in one minute by the virtual machine to these 25 networked nodes at the same time for 1000, 1500, and 2000, 2500, and 3000 calls. Furthermore, an average of 5 cloud database query call response was returned in one minute by the virtual machine to these 50 networked nodes at the same time for 1000, 1500, and 2000, 2500, and 3000 calls.

- These show that the database query call response rate reduces from 40 to 5 as the number of networked nodes increases from 5 to 50, regardless of number of query calls made at a time on the virtual machine.
- It was also observed that increase in the number of calls made by every member of a networked node would result in little or no change in the response rate from the cloud database service.
- The results in tables 1 to 4 also show that increase in number of nodes in a network making calls to the database service caused corresponding increase in the average number of packets generated.
- It also shows that as the number of networked nodes calling the virtual machine database increases, a value of the call response rate would be reached when where the cloud database would not be able to respond to the calls. This means that any further increase in the number of networked nodes calling the virtual machine database service cause denial of service on the virtual machine. The experiment graph analysis in figure 3 shows that any further increase in the number of networked nodes (i.e. between 60 to 100 nodes) would cause the call response rate to further diminish to a value less than 5 query call response per minute. Figure 3 shows the graph analysis of the experiment results. The dotted line in figure 3 represents the baseline value point which is query call response rate (i.e 5 call response per minute) below which the virtual machine would not be able to respond to any call. This means that the baseline value is the threshold point where a DRDoS attack on a cloud database service should be detected. The results in the experiment also show that the response rate to query call on a virtual machine only depend on the number of nodes in the network of calling nodes and not on the total number of calls made on the virtual machine.

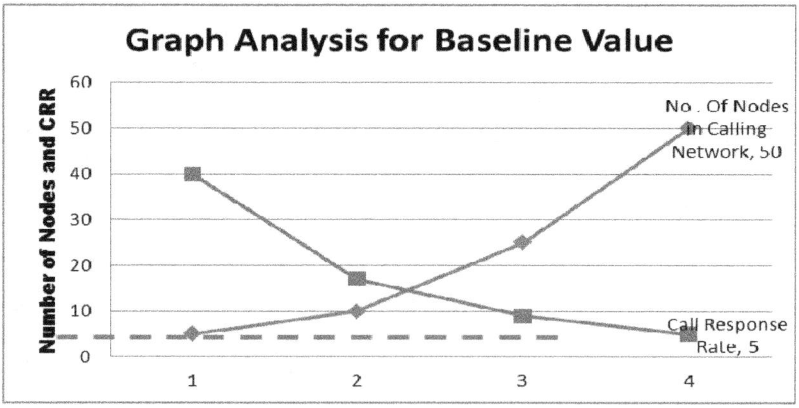

Figure 2: Chart for Baseline Value for Call Response rate.

5 Summary

Cloud-based applications are supported by cloud database service. As cloud-based applications gain more acceptance and popularity in the World today, the need for its security and importance cannot be over-emphasized. This paper contributes to the wealth of existing knowledge in the cyber world through investigation, determination and professing of the call response rate baseline value for detecting a Distributed Reflected Denial of Service (DRDoS) attack in cloud database service. To the best of our knowledge, this research effort is the first work where a call response rate value is being professed as the baseline for detecting DRDoS attack on a cloud database. This research is intended to be an initial research effort in this area of interest that would lead to further determination of cloud database query call response rate on a cloud infrastructure covering a wider range of regions of the World. It is believed that the baseline value gotten from this study would be useful in setting a threshold value for determining both failing point and a point to detect a DRDoS attack on a cloud database service.

Literature

[1] I. Arora and A. Gupta: Cloud Databases: A Paradigm Shift in Databases. *IJCSI In: International Journal of Computer Science Issues,* Vol. 9, Issue 4, No 3, July 2012.

[2] S. Yu: Distributed Denial of Service Attack and Defense, Springer Brief in Computer Science, Springer New York Heidelberg Dordrecht London 2014.

[3] P. A. Kumar, S. S, Selvakumar: Detection of distributed denial of service attacks using an ensemble of adaptive and hybrid neuro-fuzzy systems, *Journal of Computer Communications.* Vol. 36, pp 303–319. Available from Elsevier online in 2013.

[4] L. Ferretti, M. Colajanni, and M. Marchetti: Supporting Security and Consistency for Cloud Database. CSS 2012, LNCS 7672, pp. 179–193, 2012. Springer-Verlag Berlin Heidelberg 2012.

[5] S. Gupta, S. Anjali, K, Padam, A. Ajith: A Fingerprinting System Calls Approach for Intrusion Detection in a Cloud Environment 2013.

[6] P. Ignasi, C. Ismael, B. Pere , D. Xenofontas and Josep Sol ´e-Pareta: Practical Anomaly Detection based on Classifying Frequent Traffic Patterns 2011.

[7] A. Mohammed and J. R. Martin: Methodologies for detecting DoS/DDoS attacks against network servers. In: *The Seventh International Conference on Systems and Networks Communications.* IARIA, 2012. Page 92-98.

[8] S. A. Shinde, and J. W Bakal: Review on DDoS Attack Traceback Mechanism in MA NET.. *International Journal of Computer Science Engineering and Technology(IJCSET)* Vol 4, Issue 5, pp. 161-163. | May 2014.

[9] K. Yoohwan, J. Ju-Yeon, and K. S. Kyunghee: Baseline Profile Stability for Network Anomaly Detection. In: *International Journal of Network Security,* Vol.6, No.1, pp. 60–66, Jan. 2008.

A Course on Tool Based Software Engineering: The Students' Perspective

Saed Imran, Martin Buchheit, Bernhard Hollunder, and Ulf Schreier

Faculty of Computer Science / Business Information Systems
University of Applied Sciences Furtwangen
78120 Furtwangen, Germany
{saed.imran, martin.buchheit, bernhard.hollunder, ulf.schreier}@hs-furtwangen.de

Abstract: Generally, during the different phases of the software development lifecycle, the development work is linked from its commencement right through to its completion. To establish these links, a tool support is encouraged. This paper reports on a case study of a course that teaches the concepts of tool based software engineering to university students. A tool chain implementation model and process steps are presented. Findings are reported from the students' perspective and the major lessons learned are discussed.

1 Introduction

It has been widely believed that the computer science students gain practical experience only after they start working in the real environment. This has led many students to face severe challenges in adapting to the competitive software industrial environment. Therefore, it is essential to promote practical training along with the theoretical for computer science students. According to [1], the acceptance of empirical studies in software engineering is growing continuously. Considering the fact since agile software development is rapidly evolving especially with the advances in software tools and technologies [2], empowering students through traditional software development approach is not sufficient alone and a much more adaptive approach in the provision of practical training is anticipated, to better equip computer science students at university level.

In the preparation of this course, the context was not a question, but the effective implementation of the software tool chain with respect to corresponding activity of application development process was in focus. There are no clear guidelines to ensure that an arrangement of tools qualifies the established development culture, processes and standards [3]. The selection of qualified tools, their proper configuration and connectivity to enable traceability between the development phases and ensuring consistency in development process are among other posed challenges that have been met with varying degree of success.

The purpose of this study is to empirically investigate how students view the course on: concepts of complete application development lifecycle, aided with software tool chain environment. Furthermore, this study also aims to contribute to the better preparation of the college level students to get started in their future careers, in one of the most demanding and the challenging domain of professional software engineering.

The remainder of the paper is structured as follows: the next Section 2, provides information on the possible establishment of a tool chain with respect to entire application lifecycle. Section 3, present the study on the implementation of software toolchain undertaken through a semester course. Section 4 presents the study findings. Lessons learned are discussed in Section 5 and finally the Section 6 concludes the paper.

2 Software Tool Chain

To establish a streamline tool chain for an application in a software development process, firstly, we need to identify all of its primary activities. For this purpose, this study [3] demonstrated a few possible combinations of tool sets that can align with each activity of the development process as shown in Figure 1.

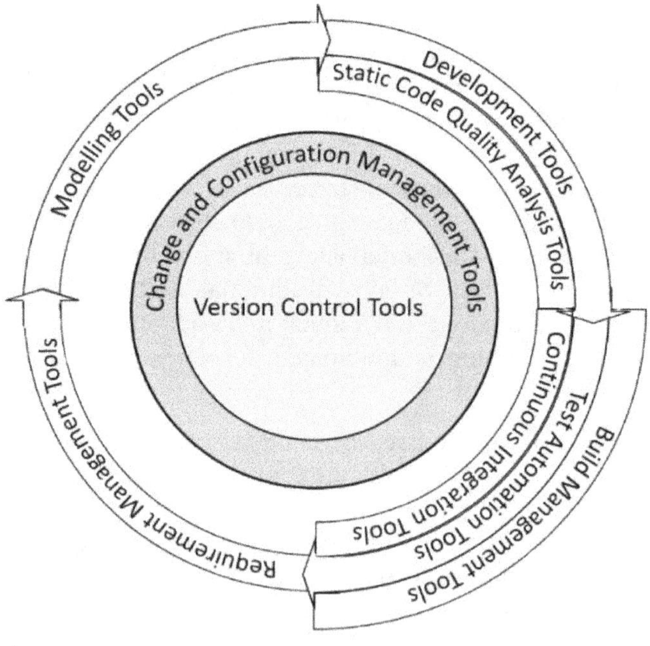

Figure 1: A software tool chain covering the aspects of application development lifecycle [3].

There is no single correct way to break each activity of application development process into sub, as they can vary significantly based on many factors such as the project requirements, development platform, and development techniques. Therefore, the information available in this process model had assisted to identify the proper tools and their arrangement with respect to its corresponding activity.

3 The Study

3.1 Objective

According to Oldfield and Baron [4], the service quality in higher education is assessed from the learner's perspective. Therefore, in this study, we have conducted surveys to assess students' view on a quality of a semester course, on the concepts and implementation of toolchain in application development lifecycle. All of the course topics are taught over the period of 14 weeks and involve four hours of class time per week, 2 classroom or theory hours and 2 practical session or laboratory hours, for a total workload of 6 ECTS (European Credit Transfer System) credits.

The survey consists of 32 questions in total, classified into 5 different sections: The first section seeks background information such as participants' level of programming, and experience of working with multiple software tools etc. The second section focuses on tools configuration, to reflect participant's experience on setting and configuring different tools. The third section targets tool application, where the questions were asked on the operation of different software tools, after being installed and configured together. The fourth section of the survey inquiries is about the effectiveness of the instructional material. Finally, in fifth section, the participants were asked to give suggestions and to rate few questions on the course contents, format and structure.

3.2 Preparation

There were several preparatory steps taken before teaching the concepts on the effective implementation of toolchain with respect to the application lifecycle. Thorough teaching materials were provided along with the set of reference books, so that students can systematically develop their knowledge. Ahead of the practical work and before students have hands on applying the learned concepts, a step by step tutorial is provided with all of the information needed to kick start and accelerate their practical learning efforts. In addition, to carry out the class practical tasks, laboratory sessions are arranged as needed over the semester, where students have access to a local virtual server for training purposes and to support collaborative teamwork.

3.3 Tool Selection

While tool selection can be a challenging task [5], to help obviate this, we focused mainly on Open Source Software (OSS) tools, along with the exception where we have acquired software under the academic licence. In addition to this, the criteria's that we have fulfilled in tool selection includes: (i) Purpose: specialised to perform a specific task; (ii) Integration support: ensure that the tools interact effectively and are completely integrated with one another into a consistent whole; (iii) Tool configuration: to be able to configure the setting for a tool to best perform the particular development task; and finally the (iv) On-line Community support, like discussion forums, tutorials, wikis, podcast etc. Furthermore, we have considered a number of other factors in tool selection, such as a learning curve, application specific requirements, platform specifics, and the adopted development lifecycle model along with an extensive range of discussions on the practical work details.

3.4 An Implementation Approach

The selected underlying lifecycle model (as shown earlier in Figure 1), with all of the chosen tools as shown in Figure 2, allowed us to clearly define the approach based on which students can indulge in practical implementation activities, thereby acquiring skills through steady learning and practice.

In this implementation approach, we have undertaken a complete Java based product lifecycle development. The aim is that students in a period of a semester can not only grasp many new concepts of tool based application development, but can apply them efficiently and effectively. To achieve this, for each practical session a list of definite tasks are assigned to a class. The students are initially asked to carry out those assignments that are relevant to a particular development activity before being proceeding to the next activity of application development lifecycle. For example, for a requirement management activity, at the beginning a respective software tool is installed and then the user's requirements are properly documented, organised and prioritised. Once all the required work is carried out for this activity, the next set of tasks are handed over to students for the succeeding development activity. In this manner, a new set of development tasks are given to students on either every or every other training session.

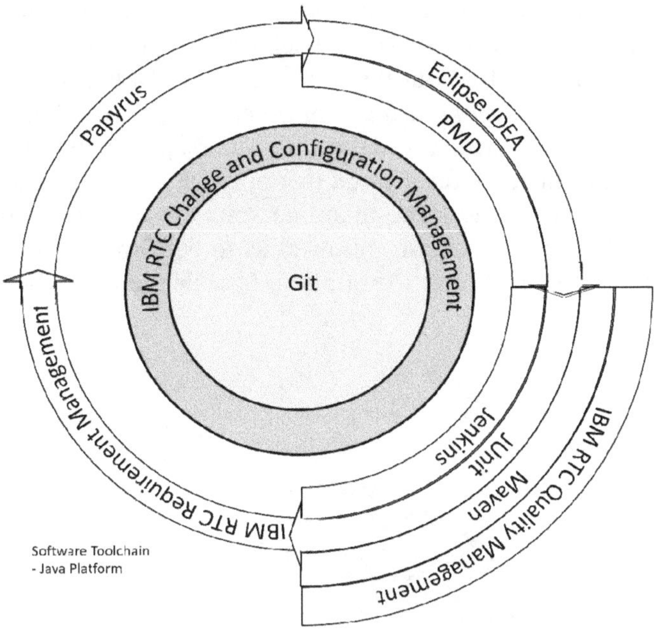

Figure 2: A software toolchain implementation Model

Furthermore, students are required to complete all of the required tasks for the application development activities from scratch with the aid of the configured software tools, other than the exception in software coding activity, where pre-developed reusable software components are used.

3.5 Study Participants

The participants on this course are students from the early years of the undergraduate program in computer science; however, in a few cases, we have participants studying in master's program of business with basic knowledge on software development. Since the purpose of this study is to investigate how to prepare students according to the demands of professional software industry, it was important that the students who participated were interested in pursuing a career in the software industry, by either being directly involved in development or management of the software products, with some variations.

Almost 60 students participated in this study, varying from 5 semesters offered during the three calendar years from 2013 to 2016. Most of the students did not have any prior experience of working within software toolchain environment. Moreover, their knowledge in this field was limited and had a lot to learn. To assess participant's background, prior to the initial survey response, we came to find out that little more than a half of the participants had either *beginner level knowledge* or *no knowledge at all* in programming, at the time when they had enrolled for this course, as shown in Figure 3. Another interesting fact, we discovered that only 35 percent of the students had prior experience of using more than one software tool in a single development cycle. This basic statistics allowed us to confirm that most of the participants are novice and have overall little knowledge in the field of software development.

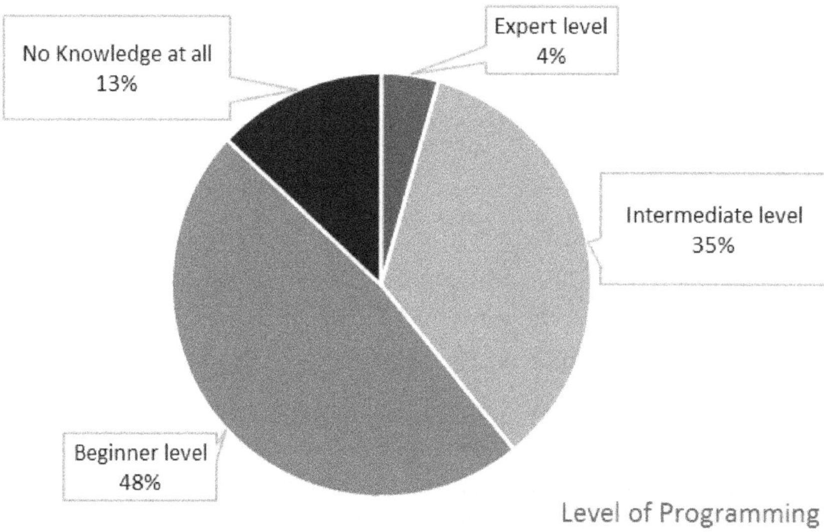

Figure 3: Students level of programming skills.

4 Findings

The findings reflect three main aspects of this empirical study. The first two aspects are: i) configuration factor, and the ii) application factor, of different software tools. The third aspect is on iii) the instructional material and explores the student perspective on taking part in this semester course.

4.1 Tools Configuration Factor

This facet of our survey findings relates to software tools configuration factor, as mentioned in section 3.3. Most of the students reported that they found it very time consuming to learn how to setup different tools for different software development activities. Even with assistance, most of them found it difficult to install and configure different tools to work together. However, the survey also revealed that almost 30 percent of the students did not find it difficult to complete the configuration tasks once the required help was provided. Furthermore, around 53 percent of the students believed that they would not prefer more manual completion of the tasks when possible, as compare to installing different tools and then configuring them. On the other hand some students were not sure, as they never had an experience to work before with the configuration of the multiple integrated tools. To gain a better understanding of the participant viewpoint on how they apprehended the configuration task on specific tools used during the practical sessions, we asked a few questions in our survey which were related to some specific tools:

Version Control Management System - On the setup of version control management system which in our case was Git [6]. The impression was mixed, 35 percent have found configuring version control with other tools such as Eclipse IDE or Jenkins [7] quite a straightforward task, and 34 percent perceived it to be a much more challenging and difficult task to achieve. Besides, almost 32 percent of the participants have recorded their opinion as neutral.

Build Management - On build management, which in our case was Maven [8]. Almost 46 percent of the students recorded their opinion as they believe that configuring Maven with our Eclipse IDE required just few clicks. The viewpoint of 41 percent of the participants was neutral and rest of the participants disagreed with this.

Continuous Integration Server - To serve as a continuous integration server the choice was Jenkins in our development task. Only 19 percent of the students perceived setting Jenkins to work with their project as an easy task. Almost 48 percent of the students had a neutral opinion and others just found it difficult to cope with.

Change and Configuration Management - To manage the changes and to be able to establish and maintain control and consistency throughout application lifecycle development, IBM Rational Team Concert (RTC) [9] tools were employed. Again the students opinion was quite mixed, only 25 percent agreed they have been be successfully able to configure the use of IBM RTC' Change and Configuration Management with an Eclipse IDE without any difficulty. About 30 percent had a neutral opinion, while majority of the

40 percent completely disagreed and consider this as quite a challenging task to perform.

4.2 Tool Application Factor

In this facet of the survey research process, the participants' responds primarily on the heretofore integrated tools operational aspects. All the participants prominently consider their gained knowledge on the configuration of particular tools has given them slight benefit on their application. The participants also acknowledged from the developer prospect the fact that using a set of tools can create a massive complexity itself in application development. It is important to mention here that other than what was required to complete the task, many features of the tools were left untouched or unnoticed. To obtain a broader view on how the students experienced the use of integrated tool chain setup in practice, the survey posed a relevant questions. For example, initially on the use of version control system, 67 percent of the students have not been able to share their work successfully, however after through some consistent personal efforts or external help students have been able to proceed forward. Almost in the same manner, students have recorded the use of other tools as "not effective" or "to some extent". The feedback from this phase of the survey allows us to support the fact that once students have learnt how to use the tools and have gained some experience through hands-on practice, only then can they perform properly and efficiently.

4.3 Instructional Material

In an attempt to identify the factors influencing the didactic effectiveness of this course, we learned from the outcome of this survey that almost 66 percent of the students believe that a semester period is not sufficient time to obtain a through grasp of the concepts taught in this course and to practice on a range of tools, applied in the implementation of software tool chain environment for application development. Furthermore, when participants being asked which learning method worked best for them other than given practical sessions during the a semester studies, they overwhelmingly expressed positive with 85 percent on having the availability of online help, about 77 percent on written Step-by-step tutorial. Another interesting fact we came to know was that about 90 percent of the students preferred to learn in small groups as team.

We have also learned from the participants that approximately 63 percent experienced quite a few challenges and obstacles in the practical training part of this course while learning how to configure and properly use certain tools correctly. Another interesting fact that has been revealed from this study is that almost 86 percent of the students have ranked the practical training part as of high value, and about 76 percent had admitted this technique allowed them to realise the concepts applied in the establishment of software tool chain and their use effectively. The overall assessment on the scope and effectiveness of this course has also been measured by these three leading aspects, as depicted in Figure 4.

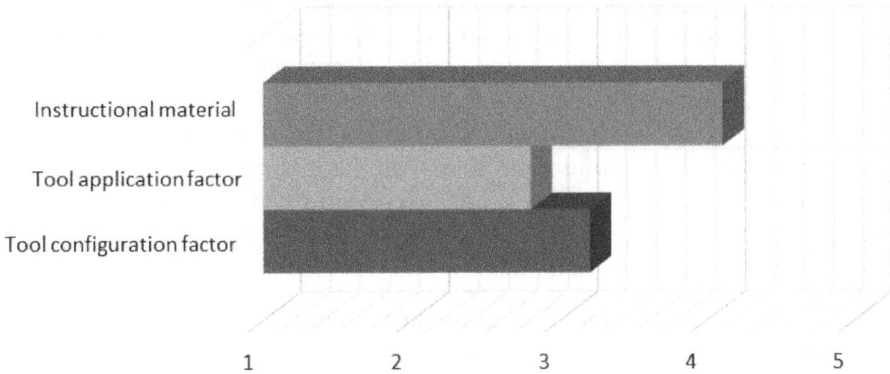

Figure 4: Evaluation results of a course on the effective implementation of the software tool-chain.

The scores along the x-axis range from 1 to 5, where 1 indicates 'should to be improved', 2 denotes 'needs bit of improvement', 3 as 'adequate', 4 is 'good' and 5 indicates as 'out-standing'. Each of the three evaluation aspects (instructional material, tool application and tool configuration) are represented along the y-axis.

5 Lessons Learned

From the instructor perspective, the structure of this course is designed to focus on the effective training of tool-based software application lifecycle development. Consequently, offering an adequate teaching mechanism for college students to learn state of the art tools and techniques in a worthwhile attempt to automate an end-to-end software development lifecycle.

Students coming from different levels of educational background allowed us to determine that this course would not be suitable for entry level college students to enrol. As the students with no prior experience of working with the software tools find it more challenging to accomplish their practical training tasks. Thus, we recommend only those students to participate who are already familiar with the basic concepts of software development and preferably have some programming experience.

According to Brown and Ford [6], listening to classmates express their ideas can provide students with additional perspectives and information that can increase the accuracy and complexity of their mental models. In respect to this, we have also realised from this study that students prefer to work in small groups of 3 to 4 per session. This allows them to incorporate their ideas and skills, consequently learn from each other and to work as a team. Further, our experience endorsed by the students perspective has lead us to believe that though a little motivation the students in small groups are more determined to do their assignments thoroughly and to explore additional resources beyond what is offered to them. Another influencing factor in fostering a classroom culture of motivation is to ensure that students are aware of what is expected from them from the beginning of a course and are rewarded on achieving the required outcomes.

Along with the diversity of instructional resources, we have learned from this study that engaging students in class presentation, group meeting and discussion plays a significant role in facilitating students learning abilities and enhancing their performance, thereby, demonstrating this as an essential characteristic of contemporary educational environment.

Another most attractive outcome was using the evaluation outcome to improve the course contents, format and structure. As a result, we have structured the course into two halves, the first half consists the theoretical teaching aspects and other one on the practical training aspect. Both of these teaching sessions were properly synchronised, this means, what was earlier taught in class later was applied in the practical training. Thus, allowing students to learn and apply the concepts in practice, where along with the proper usage of the software development tools their installation, configuration and integration is exercised. In addition, the implementation activities of the software tool chain were divided into small tasks, with consideration that no single task should require more than two weeks duration to complete. Each task is typically consists of small development steps that must be completed preferably in a specific sequence. This allowed students to focus on getting each task completed on time and eventually successfully accomplishing the toolchain implementation as planned during a semester period.

The study conducted on the implementation of the software tool chain as a part of a semester course study, is the first substantive work we are aware of along these lines in higher education. In the light of this, the lessons we have learned will hopefully point to how such work can be performed more effectively by indulging students in comprehensive practical training.

The limitation of this study was that, although the number of students completing this course was much higher, the level of participation on this survey was small. Moreover, as mentioned earlier, the outcome on the study of students' perception is heavily based on their academic level at the time they had enrolled for this course, therefore, we speculate higher success for this course among the last year university students.

6 Conclusion

This case study reported on a university level course on the effective implementation of a tool based software application development of computer science. The course setup was presented, and the student outcomes based on their experience as they have perceived while participating in this course is given, and lessons learned were discussed. The analysis of the survey results indicates that with some improvements, training bachelor level of computer science students to apply software tool chain adequately in development cycle would have positive impact on students learning and their performance.

7 Acknowledgment

This work is supported by the Ministry of Science, Research and Arts of Baden-Württemberg, Germany, within the program "Willkommen in der Wissenschaft" as part of the "Innovations- und Qualitätsfonds (IQF)".

8 References

[1] P. Runeson and M. Höst: Guidelines for conducting and reporting case study research in software engineering. Empirical software engineering, (2009) 14(2), 131-164.

[2] S. Fraser, L. Rising, S. Ambler, A. Cockburn, J. Eckstein, D. Hussman and D. Thomas: A fishbowl with piranhas: coalescence, convergence or divergence?. Companion to the 21st ACM SIGPLAN symposium on Object-oriented programming systems, languages, and applications, ACM (2006), 937-939.

[3] S. Imran, M. Buchheit, B. Hollunder, and U. Schreier: Tool Chains in Agile ALM Environments: A Short Introduction. OTM 2015 Workshops, Springer Verlang LNCS, (2015) 9416. 371-380.

[4] B. M. Oldfield, and S. Baron: Student perceptions of service quality in a UK university business and management faculty. Quality Assurance in education 8.2 (2000) 85-95.

[5] X. L. Tran, T. V. Huynh, S. Shoval and T. Ferris: Tool selection process and its management for small and medium enterprises in defence projects. In System of Systems Engineering, 2008. SoSE'08. IEEE International Conference (2008). 1-7.

[6] Git- distributed version control system. URL:http://git-scm.com [Accessed on 17/1/2016].

[7] Jenkins CI. – An extendable open source continuous integration server. URL: http://jenkins-ci.org [Accessed on 17/1/2016].

[8] Maven. An open source build tool. URL: http://maven.apache.org [Accessed on 17/1/2016].

[9] IBM Rational Team Concert. URL:http://www.ibm.com/developerworks/downloads/r/rtc/ [Accessed on 17/1/2016].

[10] K. G. Brown, and J. K. Ford: Using computer technology in training: Building an infrastructure for active learning. Creating, implementing, and managing effective training and development (2002): 192-233

Teil III
Industriebeiträge

Herausforderungen bei der Entwicklung eines Produktes auf Basis von Open Source

Jochen Kraushaar

doubleSlash Net-Business GmbH
Otto-Lilienthal-Str. 2
88046 Friedrichshafen
jochen.kraushaar@doubleSlash.de

Abstract: Die doubleSlash Net-Business GmbH entwickelt das Produkt calvaDrive. Dafür setzt sie schon seit langer Zeit sowohl proprietäre wie auch Open Source Software ein. Besonders durch den Preisdruck am Markt ist der Einsatz von Open Source Komponenten unverzichtbar. Dieses Paper benennt die Vor- und Nachteile beim Einsatz von Open Source Software und stellt abschließend einige einfachen Regeln auf, wie Open Source Software erfolgreich in proprietären Produkten eingesetzt werden kann.

1 Über doubleSlash und calvaDrive

Die doubleSlash Net-Business GmbH ist ein mittelständisches Unternehmen. Einhundert Mitarbeiter verteilen sich auf die beiden Standorte Friedrichshafen und München. Ursprünglich in Friedrichshafen entstanden, gehört doubleSlash heute zu den zehn größten Arbeitgebern der Stadt. Neben den klassischen IT-Dienstleistungen Beratung, Konzeption, Entwicklung und Projektmanagement bietet doubleSlash das Produkt calvaDrive an.

calvaDrive ist eine private-cloudbasierte Dateikommunikationsplattform für Unternehmen. Sie bietet umfangreiche Funktionen zum sicheren Austausch von Dateien auf Desktop-Rechnern und Smartphones. Hierzu verfügt calvaDrive über eine in Java implementierten Serverkomponente und verschiedene Clients für Microsoft Windows, Android und iOS. Über Plugins lässt sich calvaDrive erweitern und an Kundenbedürfnisse anpassen. Im Gegensatz zu einem Großteil seiner Komponenten ist calvaDrive selbst keine Open Source Software.

2 Warum Open Source Komponenten?

Im Gegensatz zu anderen Produkten im Bereich der Dateikommunikation wird calvaDrive nur von einem vergleichsweise kleinen Team mit geringem Budget entwickelt. Die harte Begrenzung der Ressourcen führt zu einer starken Fokussierung auf einzelne Aspekte der Software. Andere Angebote, wie beispielsweise Google Drive, Microsoft OneDrive oder Dropbox, können ein wesentlich breiteres Feld an Funktionen anbieten. Gleichzeitig herrscht am Markt aufgrund des großen Angebots ein hoher Preisdruck. Um trotzdem wettbewerbsfähig zu bleiben, setzt calvaDrive neben der starken Anpassbarkeit an die Bedürfnisse seiner Kunden auf die Senkung der Kosten in Entwicklung und Betrieb.

Ein nicht unwesentlicher Teil der Entwicklungs- und Betriebskosten sind Lizenzkosten. Hier kann Open Source helfen die Kosten zu senken.

Gerade im Umfeld von Java gibt es eine sehr große und aktive Open Source Gemeinschaft. Die Auswahl an freien und kostenlosen Bibliotheken ist riesig. Große Organisationen wie Apache oder die Eclipse Foundation unterstützen die Verbreitung von Open Source und haben ihre Entwicklung professionalisiert.

Durch den Einsatz in produktiven Anwendungen wird der Code einer Open Source Software von völligen unabhängigen Unternehmen implizit getestet. Im besten Fall, zum Beispiel im Apache Commons Projekt, passiert dies tausend- oder gar millionenfach. Eine ähnliche Testabdeckung in selbstgeschriebener Software zu erreichen ist nahezu unmöglich.

Mit Hilfe fertiger und kostenfreier Open Source Bausteine lassen sich die Entwicklungskosten von Anwendungen – neben wegfallenden Lizenzkosten – signifikant reduzieren. Die Verwendung fertiger Routinen spart Personen-Monate oder gar Personen-Jahre an Entwicklung. Der Testaufwand des Produktes sinkt ebenfalls, da diese Komponenten bereits getestet wurden [1].

Die Wirtschaft hat diese Vorteile erkannt [2]. Insbesondere große moderne Unternehmen wie Google, Facebook oder Netflix treiben die Verbreitung von Open Source weiter voran. Basisbibliotheken werden in größeren Projekten verwendet, um komplexere Problemstellungen umzusetzen. Diese Projekte stehen selbst wiederum als Open Source bereit, bis letztendlich erstaunlich komplexe Probleme gelöst werden können. Ein gutes Beispiel dafür ist Googles Machine Learning Bibliothek TensorFlow [3]. Open Source wird dadurch zu einem Katalysator für Innovation, dem sich Unternehmen nicht verweigern können, wenn sie konkurrenzfähig bleiben wollen.

Die theoretischen Vorteile von Open Source liegen auf der Hand. In der Praxis treten beim deren Einsatz allerdings einige Herausforderungen auf, die im Folgenden beschrieben werden.

3 Vor- und Nachteile von Open Source

Von Anfang an setzte calvaDrive auf den Einsatz von Open Source in allen Phasen des Software-Lebenszyklus. Gleichzeitig kam auch proprietäre Software zum Einsatz: Daten wurden in einer Oracle Datenbank abgelegt und das Rendern der HTML Seiten für die Browseransicht erfolgt mit Hilfe des Frontend-Frameworks ZK. Zum Teil wurden die proprietären Komponenten inzwischen abgelöst (Oracle Datenbank), zum Teil sind sie aber auch noch im Einsatz (ZK). Die im Folgenden beschriebenen Vor- und Nachteile basieren daher unmittelbar auf dem Vergleich von Open Source und proprietärer Software im Einsatz innerhalb eines Produktes.

3.1 Lizenzen

Im Open Source Umfeld gibt es einen ganzen Zoo an Lizenzen. Die Open Source Initiative listet allein über achtzig verschiedene Lizenzen [4]. Zu den bekanntesten gehören die Apache License 2.0, die GNU General Public License (GPL) und die Mozilla Public License 2.0.

Bedauerlicherweise sind die Lizenzen untereinander nicht immer kompatibel. Auch ist nicht jede Lizenz für den Einsatz der Komponenten in einem proprietären Produkt geeignet. Die GNU GPL lässt sich nicht mit der Apache License 1.0 oder 1.1 kombinieren [5]. Zudem erfordert der Einsatz der GNU GPL die Veröffentlichung des Produktes unter derselben Lizenz. Noch strenger ist die Affero GPL: Sie erfordert, dass der Quellcode all jenen Nutzern zugänglich gemacht wird, welche Funktionen der Software als Dienst über ein Netzwerk angeboten bekommen [6].

Die sogenannten Copyleft-Lizenzen sind daher für den Einsatz innerhalb proprietärer Software fast immer ungeeignet. Anders sieht es aus, wenn eine so lizenzierte Software nur verwendet wird, zum Beispiel in Form eines Datenbankservers. In diesem Fall beeinflussen die allermeisten Lizenzen nicht die Lizenz des Produktes.

In jedem Fall ist das genaue Studium der Lizenzen empfehlenswert. Zudem bietet sich der Einsatz von Werkzeugen an, die die Lizenzen der Komponenten automatisiert überprüfen können.

3.2 Dokumentation

Die Dokumentation von Software ist ein grundlegendes Problem in der IT-Branche. In vielen Projekten fehlt den Entwicklern die Zeit oder Lust, die Dokumentation zu pflegen. Um eine ausreichende Dokumentation sicherzustellen, setzen große Unternehmen deswegen oft schwergewichtige Prozesse auf.

Viele Open Source Projekte werden von Freiwilligen entwickelt, die ohne feste Bindung zusammenarbeiten. In solchen Projekten ist es beinahe unmöglich die Qualität der Dokumentation sicherzustellen. Oftmals liegt es an einzelnen Personen innerhalb des Projekts, wie gut ein Projekt dokumentiert ist.

Große Softwareprodukte bestehen oft aus unzähligen Komponenten von Drittanbietern. Aufgrund der traditionell knappen Zeit können die Entwickler der Produkte nicht jede Codezeile von Open Source Bibliotheken prüfen. Sie sind auf eine ausgereifte und umfangreiche Dokumentation angewiesen.

Ist die Dokumentation einer Bibliothek unzureichend, entstehen oft weitere Kosten bei der Einarbeitung und Wartung der Software. Es kommt häufiger zu Fehlern, die – wenn sie nicht rechtzeitig erkannt werden – zu aufwendigen Bugfixes führen können.

Beim Einsatz von Open Source Software ist daher stets auf die Qualität der Dokumentation zu achten. Als Faustregel gilt: Stehen zwei nahezu gleichwertige Open Source Komponenten zur Auswahl, sollte immer die besser dokumentierte gewählt werden [7].

3.3 Kosten

Während für Open Source Software keine Lizenzkosten anfallen, können die Kosten in anderen Bereichen steigen. In vielen Fällen gibt es zum Beispiel keinen professionellen Support für Open Source Software. Infolgedessen müssen Fehler von den Nutzern der Komponente selbst gesucht und unter Umständen auch behoben werden. Das kostet Zeit und hält die Entwickler von ihrer eigentlichen Aufgabe – die Implementierung der Anforderungen an das Produkt – ab.

Ein weiteres Beispiel ist die oft schlechte Dokumentation von Open Source Software: Die Einarbeitungsaufwände steigen.

Auf der anderen Seite gibt es, gerade bei großen und bekannten Open Source Projekten, häufig eine sehr aktive Community und unzählige Blog- und Forenbeiträge zu den alltäglichen Problemstellungen.

Letztendlich entscheidet die sorgfältige Auswahl der Open Source Software darüber, ob sie kostengünstiger ist als ein vergleichbares proprietäres Produkt oder nicht.

3.4 Wartbarkeit

Die Möglichkeit den Quellcode einer Open Source Software zu durchsuchen hilft bei der Wartung eines Produktes. Fehler können nicht nur Aufgrund ihres Fehlercodes oder der geworfenen Exception identifiziert werden, sondern im Extremfall sogar per Debugger direkt an der Quelle nachvollzogen werden.

Allerdings führt das häufig dazu, dass die Schnittstellen von Open Source Software nur unzureichend dokumentiert sind. Entwickler werden dadurch dazu gezwungen selbst dann einen Blick in den Code zu werfen, wenn – eine gute Dokumentation vorausgesetzt – normalerweise gar kein Anlass dazu bestehen würde.

Es hilft, wenn Open Source Software eine standardisierte API implementiert. Diese API ist aufgrund ihrer Standardisierung in den meisten Fällen außerordentlich gut dokumentiert. Viele Standards verfügen zudem über ein Testset, das die korrekte Funktionsweise der Implementierung sicherstellt. Dem Nutzer wird dadurch garantiert, dass die zum Einsatz kommende Komponente wie erwartet funktioniert.

3.5 Erweiterbarkeit

Open Source Software spielt vor allem bei der Erweiterbarkeit ihre Stärken aus. Während proprietäre Software nur dann erweitert werden kann, wenn sie explizit dafür entworfen wurde, kann Open Source Software im Zweifelsfall an jeder beliebigen Stelle verändert werden.

Eine solche Erweiterbarkeit bringt allerdings auch Nachteile mit sich. Wird eine Anpassung am Quellcode der Bibliothek vorgenommen, dann entsteht dadurch automatisch eine neue, an die eigenen Bedürfnisse angepasste, Version (auch Fork genannt). Kommt es später zu einem Update der Bibliothek müssen die Änderungen im schlimmsten Fall noch einmal durchgeführt werden oder aber Updates der Bibliothek sind komplett ausgeschlossen. Hier kann es helfen, die Änderungen an der Bibliothek direkt in den Originalcode des Open Source Projekts zurückzuspielen. Je nachdem wie spezifisch die Änderungen sind, ist dieser Schritt allerdings nicht immer möglich. Moderne Versionsverwaltungssysteme, wie beispielsweise GIT, adressieren diese Problemstellung. Das Erzeugen eines Forks gehört zu ihrem Standardrepertoire und wird entsprechend unterstützt.

Andererseits sind große Open Source Projekte meistens so komplex, dass die Einarbeitung in den Quellcode viel Zeit in Anspruch nimmt. In Projekten oder Produkten mit engem Zeitplan ist gerade Zeit oft Mangelware. In der Realität ist die Beteiligung an einem Open Source Projekt daher meistens nicht möglich, wenn sie nicht explizit im Projektplan vorgesehen wird. Viele Open Source Projekte bieten an, für solche Fälle Änderungswünsche an die Entwickler des Projekts zu stellen. Wann und ob diese Änderungen übernommen werden, bleibt unklar. Dafür werden sie von erfahrenen Entwicklern durchgeführt.

3.6 Sicherheit

Es wird häufig argumentiert, dass die hohe Sicherheit von Open Source Software dadurch gegeben ist, dass jeder die entsprechenden Codestellen prüfen kann. In proprietärer Software ist es allein Aufgabe des Herstellers, die Sicherheit zu gewährleisten. In der Realität weißt Open Source Software allerdings genauso Sicherheitslücken wie proprietäre Software auf. So wurde im November 2015 eine Sicherheitslücke in der Apache Commons Collections Bibliothek bekannt, die mehrere große Application Server unsicher machte [8].

Open Source und proprietäre Software unterscheiden sich im Hinblick auf die Sicherheit kaum voneinander. In beiden Fällen besteht die größte Herausforderung darin, einen Überblick über die aktuellsten Versionen und möglicher Sicherheitslücken zu behalten. Mittlerweile gibt es hierfür Werkzeuge, wie zum Beispiel den OWASP Dependency Check, der eingesetzte Bibliotheken auf bekannte Sicherheitslücken überprüft [9].

3.7 Fehlersuche und Support

Während eine proprietäre Software meistens bereits professionellen Support beinhaltet, ist dies im Bereich der Open Source Software so gut wie nie der Fall. Einige Projekte bieten allerdings zusätzlichen kostenpflichtigen Support an.

Gibt es keinen solchen Support, sind Entwickler bei auftretenden Fehlern zunächst einmal dazu gezwungen, die Ursachen der Fehler selbst zu finden. Die Möglichkeit Einblick in den Quellcode zu nehmen, kann die Fehlersuche deutlich erleichtern. Ist der Fehler dann gefunden, besteht allerdings kein Anspruch auf schnelle Behebung des Fehlers. Da bei proprietären Produkten umgekehrt die Kunden meistens Anspruch auf Behebung des Fehlers haben, sind Workarounds oder Manipulation des Quellcodes eine unverzichtbare erste Lösung.

Je detaillierter eine Fehlermeldung an ein Open Source Projekt ist, umso größer ist die Wahrscheinlichkeit, dass der Fehler schnell von den Entwicklern behoben wird. Es gelten dieselben Vor- und Nachteile wie bei der Erweiterbarkeit von Open Source Software. Auch hier ist es möglich, selbst Verbesserungsvorschläge beizusteuern – so denn die Zeit dafür zur Verfügung steht.

4 Zusammenfassung

Die gesammelt Erfahrung bei der Entwicklung von calvaDrive zeigt, dass die – auf den ersten Blick – deutlichen Vorteile von Open Source in der Realität auf eine harte Probe gestellt werden. Die eingesparten Kosten bei Lizenzen können schnell durch unzureichende Dokumentation oder mangelnden Support im Fehlerfall aufgefressen werden. Werden Open Source Lizenzen nicht gründlich geprüft, bestehen besonders bei der Entwicklung proprietärer Produkte große rechtliche Risiken. Zwar lässt sich Open Source durch den offengelegten Quellcode an die eigenen Bedürfnisse anpassen, in der Praxis fehlen dafür aber häufig die Zeit und das notwendige Wissen. Je komplexer die Open Source Komponente ist, umso aufwendiger wird auch die Einarbeitung in den Quellcode. Im schlimmsten Fall muss der Großteil des Codes verstanden werden, um eine Anpassung vorzunehmen. Es zeigt sich, dass eine umfangreiche Manipulation des Quellcodes nur mit entsprechend hohem Aufwand umsetzbar ist. Im Alltagsgeschäft steht diese Zeit oft nicht zur Verfügung.

Auf der anderen Seite hat sich der Einsatz von Open Source in calvaDrive dennoch bewährt. Durch Beachtung einiger einfachen Regeln bei der Auswahl von Open Source können die Risiken minimiert und eine echte Kostenersparnis gewährleistet werden:

1. Passt die Lizenz der Komponente zur Lizenz meines Produktes? Wenn nicht: Unbedingt die Finger davon lassen.

2. Wie gut ist die Dokumentation der Komponente? Im Fall von Java Bibliotheken ist eine Javadoc Dokumentation unbedingte Pflicht. Idealerweise gibt es auch Fallbeispiele und eine umfangreiche Dokumentation zur Verwendung der Komponente. Ebenfalls ein positives Zeichen: Es gibt eine Anleitung, wie der Quellcode heruntergeladen und gebaut werden kann. Das erleichtert im Zweifelsfall die Erstellung eines Forks des Projekts.

3. Gibt es eventuell eine passende Open Source Komponente der großen und bekannten Open Source Organisation wie Apache, JBoss, Eclipse Foundation oder Mozilla, die mein Problem löst? Diese Organisationen stellen meistens Mindestanforderungen an die unterstützten Open Source Projekte und gewährleisten daher ein Mindestmaß an Dokumentation und Support. Einige der Organisationen beschäftigen sogar Vollzeitangestellte, die sich um die Pflege der Projekte kümmern und sie vorantreiben.

4. Je größer und aktiver die Community einer Open Source Bibliothek ist, umso besser ist auch der Support. Zur Beurteilung hilft ein Blick in die Versionshistorie des Quellcodes und die offiziellen Foren oder Mailinglisten. Gibt es auch in jüngster Zeit noch viele Änderungen am Quellcode? Wann wurde die letzte Version veröffentlicht? Wie viele Beiträge gab es im letzten

Monat? Wurden diese Beiträge vom Mitarbeiter des Projekts beantwortet oder blieben die Fragen unbeantwortet? Liegen die letzten Änderungen hingegen mehrere Monate oder Jahre zurück und der letzte Beitrag stammt aus dem Jahr 2010 und ist unbeantwortet, so sollte die Bibliothek besser nicht eingesetzt werden.

5. Die Beteiligung an Open Source Software einplanen. Früher oder später wird eine Anpassung an den verwendeten Bibliotheken notwendig werden, sei es durch einen Fehler oder durch neue Anforderungen. In diesem Fall gibt es immer die Möglichkeit, einen Fork anzulegen. Allerdings übernimmt man damit auch die Verantwortung für den Code vom Open Source Projekt. Fast immer entstehen dadurch Folgekosten. Diese können vermieden werden, wenn Änderungen direkt in das Open Source Projekt zurückgespielt werden. Fast jedes Open Source Projekt ist über eine aktive Mitarbeit dankbar. Aus Sicht des Unternehmens entstehen so zwar zunächst zusätzliche Kosten, letztendlich handelt es sich dabei aber um Werbung für das Unternehmen. Durch aktive Mitarbeit an einem Open Source Projekt kann sich das Unternehmen einen Ruf als Experte aufbauen, der unter Umständen zu neuen Aufträgen führt.

6. Um Probleme hinsichtlich Lizenzverletzungen und Sicherheitslücken rechtzeitig zu erkennen, empfiehlt sich der Einsatz von entsprechenden Werkzeugen zur Überprüfung des eigenen Codes und seiner Abhängigkeiten.

Werden diese Regeln beachtet, ist Open Source ein sinnvoller Ersatz für vergleichbare proprietäre Software.

Literatur

[1] M. Prokop: Open Source Projektmanagement. 1. Aufl., München 2010. S. 99.

[2] M. Hendrickson, R. Magoulas und T. O'Reilly: Economic Impact of Open Source on Small Business: A Case Study. 1. Aufl., Sebastopol 2012. S. 35.

[3] TensorFlow.
URL: https://www.tensorflow.org [Zugriff am 18.12.2015].

[4] Open Source Initiative: Licenses & Standards.
URL: http://opensource.org/licenses [Zugriff am 15.12.2015].

[5] GNU Betriebssystem: Verschiedene Lizenzen und Kommentare.
URL: http://www.gnu.org/licenses/license-list.de.html [Zugriff am 15.12.2015].

[6] M. Prokop: Open Source Projektmanagement. 1. Aufl., München 2010. S. 26ff.

[7] M. Prokop: Open Source Projektmanagement. 1. Aufl., München 2010, S. 200.

[8] Heise: Zero-Day-Alarm für viele Server mit Java.
URL: http://www.heise.de/security/meldung/Zero-Day-Alarm-fuer-viele-Server-mit-Java-2913605.html [Zugriff am 15.12.2015].

[9] OWASP Dependency Check.
URL: https://www.owasp.org/index.php/OWASP_Dependency_Check [Zugriff am 15.12.2015].

Ausgewählte Aspekte des FOSS-Lizenz-Managements in der Automobil-Zulieferindustrie

Sarah Moser, Prof. Dr. Elmar Cochlovius

Mentor Graphics Development
Deutschland GmbH
Peterzeller Str. 8
78048 Villingen
sarah_moser@mentor.com

Hochschule Furtwangen
Fakultät Informatik
Robert-Gerwig-Platz 1
78120 Furtwangen
coe@hs-furtwangen.de

Abstract: Dieser Beitrag stellt die Möglichkeiten und Risiken bei der Nutzung von Free and Open Source Software (FOSS) in der Entwicklung von Infotainmentsystemen für die Automobil-Industrie, insbesondere für Mittelklasse- und Premiumfahrzeuge dar. Nach einer anfänglichen Betrachtung von FOSS als Entscheidungsfaktor des Software-Produktmanagements und einer Darstellung der spezifischen Zusammenarbeit von OEM und Tier-1-Zulieferer, wird auf die Rechte und Pflichten bei der Nutzung von FOSS eingegangen. Das professionelle Management der Obligationen sowie die Gestaltung und Einführung geeigneter Prozesse zu deren Erfüllung sind Inhalt der weiteren Kapitel.

1 Open Source Software in der Automotive Softwareentwicklung: Entscheidungsfaktoren

Von der Smartphone-Integration bis zur ergonomisch optimierten Darstellung von Navigationskarten zwischen Drehzahlmesser und Geschwindigkeitsanzeige im Kombiinstrument – Open Source Software ist längst zum unverzichtbaren Bestandteil moderner Automotive Infotainment, Telematik- und Fahrerassistenzsysteme geworden. Heutige Kunden erwarten z.B. umfangreiche Konnektivitätsfunktionen zur privaten Multimedia-Welt und zuverlässige Assistenzsysteme. Hinzu kommen minimale Antwortzeiten bei maximaler Robustheit. Das Fahrzeug wird so zum rollenden Büro, welches dem stationären Arbeitsplatz in nichts nachstehen soll. Qualität und Funktionsumfang des Infotainmentsystems sind daher längst wichtige Entscheidungsfaktoren bei der Anschaffung eines Neufahrzeugs geworden.

Primär, jedoch nicht ausschließlich, im Bereich Infotainment verkürzen sich die Entwicklungszyklen für Spezifikation, Design, Implementierung, Test und Integration der zugrundeliegenden Software mit einer Geschwindigkeit, die den Wunsch nach einer vollständigen Eigenentwicklung seitens der OEMs, aber auch der Tier-1-Supplier, unmöglich macht. Es entstehen Make-

or-Buy-Entscheidungssituationen (*MoB*), die häufig zugunsten eines Zukaufs von Entwicklungsleistungen oder Software-Modulen entschieden werden.

Meist beinhalten diese zugekauften Systemkomponenten Open Source Software (*OSS*). Laut einer vom Marktführer im Bereich der Open Source Logistik, Black Duck® Software, in Auftrag gegebenen Umfrage, geben von 1300 befragten Unternehmen 66% an, Open Source Software in kundenspezifischen Entwicklungen einzusetzen [1].

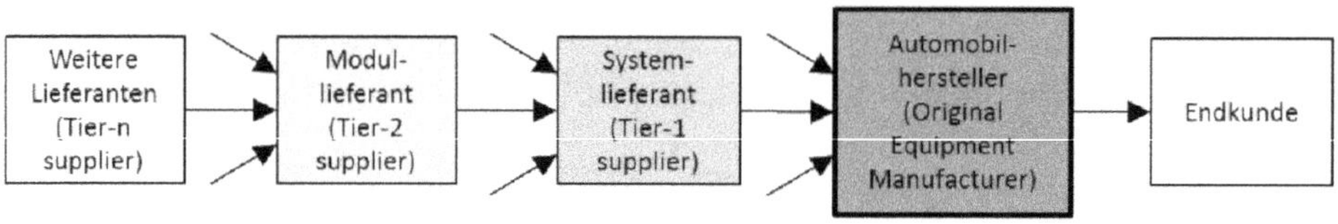

Abbildung 1: Wertschöpfungskette in der Automotive Software-Industrie

In Abbildung 1 ist eine für die Software-Entwicklung in der Automobil-Zulieferindustrie typische Wertschöpfungskette (sog. *ValueChain*) dargestellt. Der Einkauf von Entwicklungsleistungen hat sich in den späten 2000er Jahren auf die Tier-2- bis Tier-n-Supplier verschoben, was dazu führte, dass der Tier-1 nun nicht mehr alleiniger Ansprechpartner und ggf. Haftungsträger für ein Infotainmentsystem ist, sondern einzelne Bestandteile eines Systems auch direkt beim Tier-n-Supplier eingekauft werden. Umso wichtiger ist es für alle Beteiligten zu wissen, welche Komponenten geliefert wurden und sich aller Risiken, die mit dem Einsatz von Open Source Software einhergehen, bewusst zu sein.

Der typische Aufbau eines IVI-Systems (*IVI*: In-Vehicle Infotainment) ist in Abbildung 2 verdeutlicht. Es wird deutlich, dass Open Source Software nicht mehr wie früher primär im Bereich der Middleware, sondern inzwischen vielmehr auf allen Schichten der Software-Architektur zu finden ist. Neben kommerziellen Betriebssystemen wie Microsoft ® Windows XP™ Embedded oder Echtzeitbetriebssystemen wie QNX® basieren heute Infotainmentsysteme z.T. vollständig auf Linux, dem bekanntesten Open Source-Betriebssystem.

Ein Nebenprojekt der Linux Foundation, das sogenannte Automotive Grade Linux (AGL), hat zum Ziel, nicht nur Open Source-basierte IVI-Systeme, sondern auch Software für Cluster- und Telematiksysteme zu entwickeln [2]. Ein weiteres Projekt mit dem Ziel, die Marktdurchdringung von FOSS im Infotainment-Segment zu erhöhen, ist der industrielle Interessenverband der GENIVI Alliance. Durch standardisierte Prozesse und Testverfahren lassen sich für eigenentwickelte Open Source Software-Komponenten die begehrten Label „GENIVI Compliant™" und „Works with GENIVI™" erreichen. Als GENIVI Compliant™ gelten beispielsweise die Software-Plattformen Bosch ADIT für die Freescale i.MX6-Architektur oder die Mentor Automotive Technology Platform für i.MX6q-, Cortex-A9- und OMAP5-basierte Systeme.

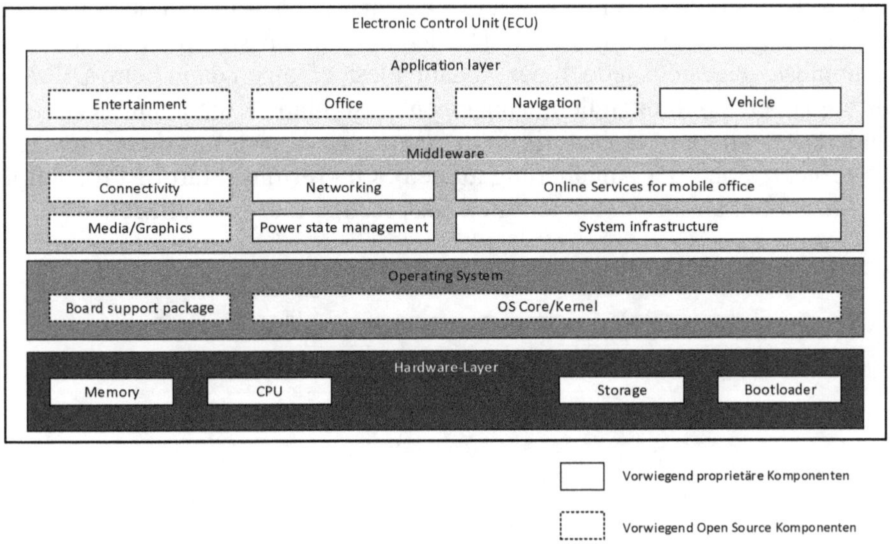

Abbildung 2: Software-Schichten eines Infotainment-Systems

1.1 Weitere Herausforderungen

Die Anforderung, nicht nur schnell und qualitativ hochwertig, sondern auch kosteneffizient Infotainment-Systeme zu entwickeln, ist im Automobilbereich zudem an folgende Randbedingungen gebunden:

Sicherheitskritische Entwicklung: Mit Einführung der ISO 262626 – „Functional safety for road vehicles" und der damit verbundenen Anpassung in den Entwicklungsprozessen sämtlicher OEMs und Zulieferer stellt sich die Frage nach Nutzung von Open Source-Software-Komponenten in sicherheitskritischen Anwendungen auch in der Automobilindustrie. Bei der Entwicklung von Systemen zur Anzeige von Geschwindigkeits- und Drehzahl sind Latenzen jenseits des Millisekundenbereichs nicht zulassungsfähig. Proprietäre und monolithische Betriebssystemlösungen gelten zwar als langsam, aber aufgrund langjähriger Entwicklungszyklen als ausgereift. Linux lässt sich hingegen auf die wesentlichen Komponenten reduzieren und erreicht damit eine hinreichende Performanz, besteht jedoch überwiegend aus Open Source Software, was zusätzlichen Aufwand im Bereich Verifikation, Test und Lizenzmanagement bedingt.

Schnittstellenmanagement: Eine weitere Herausforderung ist das Schnittstellenmanagement in der Beziehung zwischen dem Tier-1-Supplier und dem

OEM, da die frühen Phasen einer V-Modell-basierten Entwicklung i.d.R. gleichberechtigt von beiden Parteien übernommen werden. Wie in Abbildung 3 dargestellt, verschiebt sich die Zuständigkeit während der folgenden Phasen immer mehr zum Tier-1. Die letzten Phasen wie Integrations- und Systemtest, spätestens jedoch der Abnahmetest, erfolgen dann beim OEM als Auftraggeber. „Schnittstellenmanagement“ ist hierbei nicht nur technisch, sondern vor allem organisatorisch zu verstehen, da sich mit dem Fortschritt des Projektes und der Annäherung an den SOP-Termin (Start of Production) die Anzahl der am Projekt beteiligten Ansprechpartner vervielfacht.

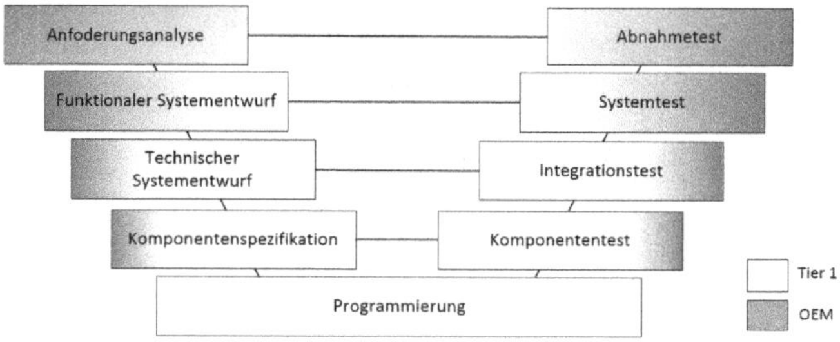

Abbildung 3: Verteilung der Zuständigkeiten zwischen Tier-1 und OEM im V-Modell

Standards in der Auswahl und Bewertung von Lieferanten (z.B. mit Hilfe eines ABC-Ratings [5]) helfen, den richtigen Partner zu finden, entlasten den Auftraggeber jedoch nicht in den Bereichen Kommunikation, Planung und Steuerung.

Produktlebenszyklen: Nicht nur Software unterliegt einer natürlichen Volatilität, hervorgerufen z.B. durch Bugfix- und Versions-Updates, sondern auch die zugrundeliegende Hardware (z.B. Nachfolge-Samples). Betrachtet man nun die durchschnittliche Lebensdauer eines Fahrzeugs von etwa 15 bis 20 Jahren, so ergeben sich hunderte Varianten, deren (OSS-) Bestandteile nachvollziehbar dokumentiert werden müssen.

Variantenmanagement: Mit dem Bemühen der OEMs, eine großen Angebotsvielfalt bereitzustellen, um ein möglichst breites Spektrum an Kundenbedürfnissen und eine Vielzahl landesspezifischer Standards zu erfüllen, wird eine zunehmend breite Modell- und Variantenpalette notwendig. Anforderungen werden nicht länger nur für ein einzelnes Produkt, sondern parallel für mehrere Varianten formuliert. Konzepte zur Wiederverwendung über alle Varianten schließen Open Source Software-Komponenten ein.

2 Open Source Lizenzmodelle

In diesem Kapitel werden die für die Automotive Software-Entwicklung relevanten Open Source Lizenzmodelle erklärt und in ihren Auswirkungen gegenübergestellt.

Im Jahr 2015 wurden rund 200 verschiedene Open Source Lizenzen allein beim deutschen Institut für Rechtsfragen der Freien und Open Source Software (iFROSS) gelistet [3]. Demnach unterliegen etwa 93% der auf dem Markt befindlichen Open Source Software-Artefakte den zehn beliebtesten Lizenzen. Nur 7% entfallen auf Derivate oder exotische Lizenzen [1]. Abbildung 4 zeigt die Verteilung der OSS Lizenzen in Bezug auf jene Projekte, die in der Black Duck®-Datenbank gelistet sind.

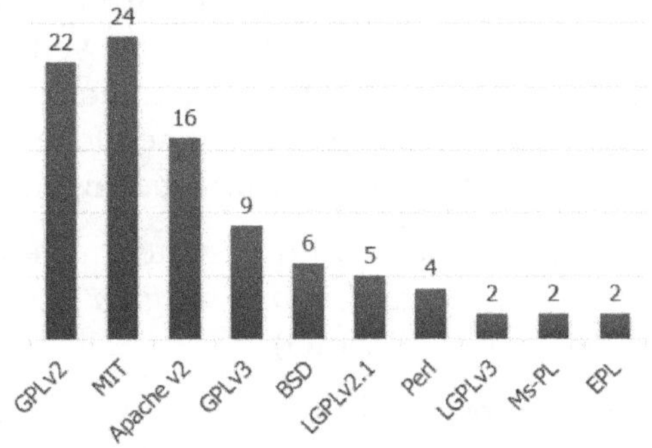

Abbildung 4: Verteilung von FOSS-Lizenzen

Im allgemeinen werden Lizenzen mit starkem und schwachem Copyleft sowie permissive Lizenzen unterschieden.

Starkes Copyleft: Starke Copyleft-Lizenzen sind dadurch gekennzeichnet, dass bearbeitete Werke, sog. Derivative Works, und damit auch das zu entwickelnde Software-Produkt, nur unter der gleichen Lizenz zu veröffentlichen sind, wie die Urprungslizenz. Synonym zum Begriff Copyleft werden Lizenzen dieser Art auch als „viral" oder „reziprok" bezeichnet.

Schwaches Copyleft: Schwache Copyleft-Lizenzen, wie etwa die Mozilla Public License (MPL) knüpfen das Copyleft an bestimmte Bedingungen. Z.B. bleiben MPL-lizensierte Komponente weiterhin MPL. Proprietäre Erweiterungen können jedoch gemeinsam in einem Produkt vertrieben werden, ohne vom Copyleft der MPL erfasst zu werden.

Permissive: Im Gegensatz zu den Copyleft-Lizenzen gelten permissive Lizenzen (z.B. BSD/MIT) nicht als viral. Sie ermöglichen eine Kombination von proprietärer und Open Source-Software, sowie eine vollständige Bearbeitung und Verbreitung.

3 Rechtliche Rahmenbedingungen

Aus der Vielzahl unterschiedlicher Software-Lizenzen ergeben sich bei Software-Produkten wie z.B. Infotainment- und Telematik-Systemen komplexe rechtliche Auswirkungen. So sind vor allem Bearbeitung und Vertrieb viral lizensierter Komponenten an umfangreiche Bedingungen gebunden. Exemplarisch sollen in diesem Abschnitt die Pflichten beim Vertrieb GPLv2- und BSD-lizensierter Software diskutiert werden.

3.1 Rechte beim Einsatz von GPLv2-lizensierter Software

Ziffer 1 und 2 der GNU General Public License, Version 2, befassen sich mit den Rechten des Lizenznehmers. Der Rechteinhaber räumt ein einfaches Nutzungsrecht gem. § 31, Abs. 2 UrhG ein. Erfasst werden von diesem Recht zunächst die Urheberverwertungsrechte der Verbreitung, Bearbeitung und Vervielfältigung sowie das Recht auf öffentliche Zugänglichmachung. Entsprechend den Lizenzbedingungen führt eine bloße Ausführung des Programmes/Codes nicht zur Annahme der Lizenzbedingungen.

Verbreitung: Dem Lizenznehmer wird gestattet, unveränderte Kopien des Source Codes auf jedem Medium (*„in any medium"*) zu verbreiten (*„distribute"* im Einklang mit §69c, Nr.3 UrhG).

Bearbeitung: Ziffer 2 räumt dem Lizenznehmer die Rechte zur Bearbeitung und damit zur Veränderung ein *(„You may modify your copy or copies of the program or any portion, thus forming a work based on the program, and copy and distribute such modifications of work").*

Vervielfältigung: Das einfache Nutzungsrecht beinhaltet das Recht zur Vervielfältigung entsprechend §69c, Nr. 1 UrhG (*„copy"*). Die Berechnung der Kosten für die Herstellung des Datenträgers gilt als akzeptabel.

Öffentliche Zugänglichmachung: Ebenso von GPLv2 erfasst ist das Recht der öffentliche Zugänglichmachung nach §69c, Nr. 4 UrhG aufgrund der Tatsache, dass die GPLv2 eine Veröffentlichung von Source Code bzw. ein Angebot zur Zugänglichmachung vorschreibt.

3.2 Pflichten beim Einsatz von GPLv2-lizensierter Software

Bei den starken Copyleft-Lizenzen (und in Teilen auch bei den Lizenzen mit beschränktem Copyleft) muss unterschieden werden, ob es sich beim Liefergegenstand um unveränderte oder bearbeitete Software-Komponenten handelt.

3.2.1 Pflichten beim Vertrieb unveränderter Software

Offenlegung des Source Codes: Der Lizenznehmer muss sicherstellen, dass die von ihm verwendeten FOSS-Komponenten öffentlich zugänglich gemacht werden. Bei der Lieferung als Object Code muss ein drei Jahre lang geltendes Angebot an jedermann unterbreitet werden, den korrespondierenden Source Code zu erhalten.

Mitlieferung des Lizenztextes: Die Annahme der Lizenzbedingungen setzt voraus, diese zur Verfügung und auch verstanden zu haben. Die einzige Möglichkeit, sich über die Bedingungen einer FOSS-Lizenz zu informieren, ist der Lizenztext. Dieser muss jeder Lieferung beiliegen (z.B. in einer COPYING- oder LICENSE-Datei). Ist dieser nicht vorhanden, muss er ergänzt werden.

Urheber- und Copyright-Hinweise: Diese müssen unverändert beibehalten werden, dürfen jedoch um eigene Copyright-Hinweise ergänzt werden. Vorhandene Vermerke dürfen jedoch an eine andere Stelle umkopiert werden, solange sie auffindbar bleiben, z.B. in einer AUTHORS-Datei.

Haftungsausschluss: Der Haftungsausschluss dient dazu, denjenigen, von dem man die Software-Komponente erhalten hat, frei von Schaden und Schadenersatzansprüchen zu halten. Ein vollständiger Haftungsausschluss ist jedoch nach geltendem deutschen Recht nicht zulässig (wenngleich auf Arglist und Sachmängelhaftung beschränkt).

3.2.2 Pflichten beim Vertrieb modifizierter Software

Zusätzlich zu den im vorigen Kapitel vorgestellten Pflichten beim Vertrieb unveränderter Software beinhaltet die GPLv2 einige Obligationen für den Vertrieb veränderter Software. Voraussetzung für ihr Inkrafttreten ist der öffentliche Vertrieb des Software-Produkts.

Für jede bearbeitete Datei gilt ein obligatorischer Änderungsvermerk, d.h. jede Änderung wird entweder direkt in der Datei oder in einem separaten Changelog protokolliert (Ziffer 2a: „*You must cause the modified files to carry prominent notice stating that you changed the files and the date of any change*“). Eine namentliche Nennung des Bearbeiters wird jedoch nicht explizit verlangt. Dies ist zum größten Teil der Verwendung von Source Code Revisioning Systemen wie GIT/Github geschuldet, die jede Änderung mit Usernamen protokollieren. Weiterhin müssen alle bereits vorhandenen, interaktiven Anzeigen (Pop-Ups) beibehalten werden, die einen Copyright- oder GPLv2 und/oder Hinweis enthalten.

Die Copyleft-Klausel, welche ein abgeleitetes Werk unter die Bedingungen der GPLv2 stellt, findet sich in Ziffer 2b *(„You must cause any work that you distribute or publish, that in whole or in part contains or is derived from the Program or any part thereof, to be licensed as a whole at no charge to all third parties under the terms of this License")*. Eine einheitliche Definition, wann bei einer Bearbeitung ein urheberrechtlich eigenständiges Werk vorliegt, steht derzeit noch aus; ebenso wie Urteile zur Reichweitendefinition des Copyleft-Effektes. Dies führt zwangsläufig zur Frage, wann ein abgeleitetes Werk vorliegt. Die GPL äußert sich hierzu in Ziffer 2, Absatz 4: *„If identifiable sections of that work are not derived from the Program, and can be reasonably considered independent and separate works in themselves"*.

Wird nun im Zuge eines Entwicklungsauftrages eine Erweiterung zu einer GPLv2-Komponente entwickelt, die selbstständig lauffähig ist (*„separate work"*), gilt dies als eigenständiges Werk, welches als Closed Source vertrieben werden kann. Erfolgt der Vertrieb dieser Erweiterung jedoch in einer Weise, dass der Eindruck technischer und/oder inhaltlich-funktionaler Abhängigkeit gegeben ist, wird die Erweiterung vom Copyleft erfasst und damit Open Source (*„part of a whole"*). Ausgenommen vom Copyleft-Effekt sind z.B. System Calls oder Kommandozeilen-Befehle. Treiber, die im Userspace ausgeführt werden, gelten ebenfalls als eigenständige Werke und werden vom Copyleft nicht erfasst, ebenso wie der generierte Output von GPLv2-Software-Entwicklungswerkzeugen (Editoren, Compiler), solange die Editoren keinen eigenen Code in die Dateien schreiben.

3.3 Berkely Software Distribution License (BSD)

Ursprünglich entwickelt von der University of California, Berkely, gilt die BSD-Lizenz heute gemeinsam mit der MIT-Lizenz als einer der beiden wichtigsten Vertreter permissiver Lizenzen. Allerding sollte, bedingt durch das Nichtvorhandensein eines Änderungsverbotes für den Lizenztext, besonders sorgfältig die Komponentenlizenz untersucht werden, um Abweichungen vom Standard frühzeitig zu identifizieren.

3.3.1 Pflichten des Lizenznehmers

Entscheidet man sich für eine Weitergabe und Verbreitung von Projektkomponenten unter der BSD-Lizenz, verpflichtet man sich automatisch zur Mitlieferung des Haftungs- und Gewährleistungsausschlusses (1. Abschnitt). Ist dies, z.B. aufgrund einer Lieferung im Object Code, nicht möglich, muss der Disclaimer sämtlicher Begleitdokumentation aufgeführt werden. Gleiches gilt für vorhandene Copyright-Hinweise und den Lizenztext als solchen (2. Abschnitt).

Anders als bei strengen Copyleft-Lizenzen muss Code, der in ein proprietäres Produkt integriert wird, nicht unter den Bedingungen der Original-lizenz vertrieben werden. BSD-Code kann somit zu Closed Source werden. Ein weiterer Unterschied zur GPL ist die Abwesenheit einer eindeutigen Regelung für den Fall eines Verstoßes gegen die BSD-Lizenzbedingungen.

3.3.2 Rechte des Lizenznehmers

Allen BSD-Derivaten liegt eine Direktlizensierung durch den Rechteinhaber zugrunde. Der Rechteinhaber räumt jedermann, ähnlich wie bei der GPL, ein einfaches, unbeschränktes Nutzungsrecht ein. Dies schließt die Vervielfältigung und die Verbreitung (sowohl verändert als unverändert) ein. Es ist davon auszugehen, dass aufgrund einer fehlenden, expliziten Beschränkung des Verbreitungsrechtes (*„redistribute“*) ein Vertrieb über das Internet gestattet ist. Unabhängig davon ist die reine Nutzung nach §69d UrhG (*„use“*), welche aufgrund gesetzlicher Regelungen gestattet ist.

4 Open Source License Compliance-Management

Nachdem in den vorangegangenen Abschnitten ein Einblick in einige FOSS-Lizenzen erfolgt ist und die bei ihrer Anwendung entstehenden Implikationen erläutert wurden, wird in diesem Kapitel ein geeigneter Prozess entworfen, mit dem die entstehenden Risiken minimiert werden können. Dabei dient das sog. Open Source License Compliance Management vorrangig dem Abfangen und Gegensteuern von Rechtsrisiken, wie z.B. die Offenlegung proprietärer IP (*intellectual property*) und der Wahrung von Unternehmensinteressen in Form von Patenten und Urheberschaft. Einer der wichtigsten Gründe für ein professionelles FOSS Compliance-Management ist jedoch der Erhalt der Nutzungsrechte an FOSS-Komponenten, da eine Weitergabe oder Bearbeitung anderenfalls nicht möglich ist. Das Unternehmen muss daher sicherstellen, dass die gelieferten SW-Bestandteile konform zu den Lizenzbedingungen, die verwendeten Lizenzen untereinander kompatibel und die Lizenzinformationen vollständig und korrekt sind.

4.1 Die Rolle des Compliance Managers

Aufgrund der rechtlichen Risiken im Software-Produktmanagement kommt dem License Compliance-Manager eine zentrale Rolle während der gesamten FOSS-basierten Entwicklung zu. Organisatorisch ist er an der Schnittstelle zwischen Projektleitung, Entwicklung und Geschäftsführung angeordnet. Er benötigt fundiertes Expertenwissen in Bezug auf die Rechte und Pflichten aus den einzelnen Lizenzen. Seine Aufgaben verlagern sich im Verlauf eines

Software-Entwicklungsprojektes von der Beratung während der Anforderungsanalyse- und Architekturphase hin zu einer Kontrollfunktion während der Integrationstests. Zu seinem Verantwortungsbereich zählen die Definition von Geschäftsprozessen zur Überwachung der Einhaltung sämtlicher Obligationen sowie die Analyse des entstehenden Programm-Codes mit Hilfe sog. Code Scanner, wie z.B. Black Duck® Protex™ oder Fossology.

4.2 Beispiel eines FOSS Compliance Management-Prozesses

Das Unternehmen Mentor Graphics Development GmbH beschäftigt sich u.a. mit der Entwicklung zentraler Plattform-Komponenten für Infotainment-Systeme. Der unternehmenseigene FOSS Compliance Management-Prozess gliedert sich in fünf Phasen, wie in Abbildung 5 dargestellt.

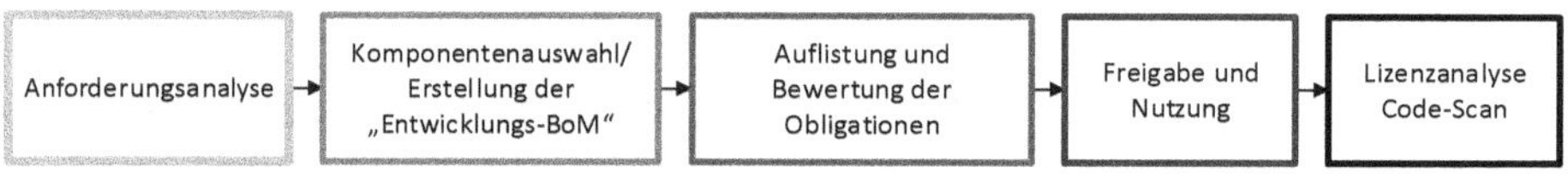

Abbildung 5: Phasen im FOSS Compliance Management-Prozess

Zu Beginn einer (werk-)vertraglichen Zusammenarbeit mit dem OEM (d.h. im Allgemeinen der Automobilhersteller) oder dem Tier-1-Supplier werden die technischen und funktionalen, aber auch sog. nichtfunktionale Anforderungen erfasst, analysiert und dokumentiert. Hierzu zählen auch die Obligationen aus den Lizenztexten, die als rechtliche Anforderungen zu werten sind. Dies erfolgt während der **Anforderungsanalyse**.

Im zweiten Schritt erfolgen die **Komponentenauswahl** und die **Erstellung der Entwicklungs-BoM** (*bill of materials*, d.h. Stückliste der Software-Komponenten). Bei Standardprodukten, die auf die Anforderungen des Kunden angepasst werden (*customizing*), liegt eine aktuelle Liste der zugrundeliegenden Open Source-Lizenzen, eine sog. License-BoM bereits vor. Der Lizenzmanager prüft diese auf Vollständigkeit und Aktualität und bewertet anschließend mit dem Software-Architekten und dem Projektmanager, welche Komponenten im Zuge des Customizings verändert, hinzugefügt oder entfernt werden. Daraus entsteht die Entwicklungs-BoM, die nach Prüfung der Obligationen diese in Form einer Auflistung enthält (**Auflistung und Bewertung der Obligationen**). Die dort gelisteten Komponenten gelten als freigegeben (**Freigabe und Nutzung**) und können verwendet werden.

Ist das Software-Produkt in einem stabilen Zustand (Release Code Freeze), wird es final auf seine Open Source-Inhalte hin untersucht. Insbesondere auf Code-Bestandteile, die durch copy/paste-Vorgänge oder Abhängigkeiten auf externe Software-Bibliotheken in die proprietären Anteile des Produktes gelangt sein könnten. Man spricht hierbei von *Code Snippets*. Diese Analyse der technischen Abhängigkeiten erfolgt i.d.R. manuell in Zusammenarbeit mit dem zuständigen Software-Integrator. Abschließend wird die Entwicklungs-BoM mit den tatsächlich gelieferten Komponenten abgeglichen und die Lizenztexte auf Vollständigkeit hin untersucht. Vertragsabhängig können die in der Lieferung enthaltenen Lizenztexte als eigenständiges Dokument beigelegt werden **(Lizenzanalyse/Code Scan).**

4.3 Schnittstellen zum Risikomanagement

Der Lizenzmanager ist mitverantwortlich für die Dokumentation von Risiken seitens des zuständigen Produktmanagers oder Software-Projektleiters. Eine solche Liste umfasst die Bereiche Marken- und Patentschutz, Urheberschutz und Haftung. Im Bereich Marken- und Patentschutz gilt es, folgende Fragen zu beantworten:

- Wie geht das eigene Unternehmen mit Patenten/Marken aus dem eigenen Haus um (z.B. spezielle Decodierungsalgorithmen für Multimedia- oder Grafik-Anwendungen), wenn es sich bei dem Auftrag um die Integration in ein Open Source-Projekt wie z.B. AGL oder GENIVI handelt?
- Wie geht das Unternehmen mit Patenten/Marken Dritter innerhalb einer FOSS-Komponente um?
- Handelt es sich bei den Komponenten, die nachweislich Patente enthalten, um eine sog. Patentlizenz (MPL) oder wurden bereits Patentlizenzabkommen getroffen?

Als *best practice* gilt hierbei, urheberrechtlich geschütztes Material wie z.B. enthaltene Icons oder Bilder zunächst unter der gleichen Lizenz wie den Rest der Software-Komponente zu behandeln und dann in einem zweiten Schritt die Herkunft der Bilder zu klären. Oft gibt auch der Lizenztext Hinweise auf die Einbeziehung und Lizensierung von Grafiken. Ein größeres Risiko stellt der Verlust eigener IP durch die Verbindung von FOSS-Komponenten und proprietärem Code dar, besonders bei Verwendung viraler Copyleft-Lizenzen.

4.4 Schnittstellen zum Qualitätsmanagement

Das Lizenzmanagement ist eine Querschnittsfunktion und definiert eigene Dokumentvorlagen, Prozesse und Werkzeuge. Der Lizenzmanager ist für die Definition und Einhaltung von Prozessen in seinem Bereich verantwortlich und arbeitet eng mit dem Qualitätsmanager zusammen, dem die Verantwortung für die Gesamtprozesslandschaft übertragen ist. Der Compliance-Manager ist zudem dafür verantwortlich, Prozesskennzahlen (*KPI*, Key Performance Indicator) zu definieren, um die Performanz seiner Prozesse zu ermitteln und Abweichungen frühzeitig entgegenzusteuern. Potenzielle KPIs können hierbei z.B. die Top-X der im Projekt verwendeten FOSS-Lizenzen, die Anzahl der gestellten Freigabeanträge pro Zeitraum oder die Veränderungsquote der Lizenztypen pro Periode sein. Ein sinnvolles Lizenzmanagement für Open Source-Software muss daher ganzheitlich betrachtet werden; es nur auf das Code Scanning zu beschränken wäre fragwürdig und kann nur einen ersten Schritt darstellen.

4.5 Werkzeuge für das Management von FOSS-Lizenzen

In den vergangenen Jahren hat sich rund um den Einsatz von Open Source Software ein ganzes Ökosystem von Distributoren und Compliance Tools gebildet. Hierbei geht es um das gesamte Leistungsspektrum von der Komponenten-Freigabe bis zum Test. Ziel ist es dabei, basierend auf den eigenen Unternehmens- bzw. Projektanforderungen den richtigen FOSS-Code auszuwählen und ggf. Informationen über eine mögliche Wiederverwendung zu erhalten (z.B. mit Hilfe von Black Duck® Code Sight™) sowie die finale Software-Lieferung am Projektende gegen die etwa 7.500 Open Source Projekte in der Knowledge-Base auf Lizenzkompatiblität zu untersuchen (Black Duck® Protex™). Anforderungen an derartige Werkzeuge zum Management von FOSS-Lizenzen sind u.a. eine nutzerfreundliche Bedienoberfläche, die Integrationsfähigkeit in den Bauprozess, z.B. mit Jenkins und die Möglichkeit, Lizenzen in der Datenbank nachzupflegen. Kritisch zu bewerten ist selbst beim Marktführer Black Duck® die fehlende Möglichkeit, bestimmte Dateiformate (beispielsweise .so, .m4) auf ihre Abhängigkeiten hin zu analysieren. Ebenso ist es derzeit noch nicht möglich, Binärlieferungen (z.B. proprietäre Treiber) zu untersuchen.

Für genau diesen Einsatzweck wurde das Werkzeug BAT (*Binary Analysis Tool*) entwickelt. Mit BAT ist es möglich, über 30 verschiedene Archivtypen, Dateisysteme und Medienformate zu analysieren. Dynamisch verlinkte Libraries können ebenfalls untersucht werden.

Die kostenfreie Variante Fossology (GPLv2) fokussiert dabei auf das sog. Code Scanning. Allerdings muss zunächst die Referenzdatenbank vom Anwender selbst angelegt werden. Das Programm bietet weder Support noch eine intuitive Nutzerführung. Auf Basis einer ersten Evaluation lässt sich jedoch ein Vorteil bei der (UI-)Performanz feststellen.

Zu einem umfassenden FOSS-Lizenz-Management gehört zudem eine gültige Open Source Policy des Unternehmens, welche im besten Fall eine Liste von *greenlight-* (erlaubten), *yellowlight-* (mit Einschränkungen erlaubt) sowie *redlight*-Lizenzen (Nutzung nur in Ausnahmefällen erlaubt) enthält. Eine solche Policy beschreibt darüber hinaus die Art der Verwendung (z.B. Compiler, Library), die Lieferbedingungen (z.B. Source- oder Binary-Lieferung) sowie grundsätzliche Auflagen (vorgeschriebene Code Scans und Reviews).

5 Kritische Bewertung und Ausblick

Ziel dieses Beitrages ist es, einen Überblick über die Risiken, Rechte und Pflichten bei der Verwendung von Open Source-Software zu geben. Desweiteren wird ein modellhafter FOSS Compliance Management-Prozess vorgestellt. Dieser hat sich als best practice in erfolgreich durchgeführten (FOSS-) Projekten bewährt, erhebt aber keinen Anspruch auf Vollständigkeit.

Die zu Beginn durchschnittlichen drei Minuten Analyseaufwand pro *Finding* (Bezeichnung für potentielle Gefahren) konnte durch stetige Verbesserung der Automatisierung und umfangreiche Entschlackung (i.S.v. *lean management)* des ehemaligen Prozesses nahezu halbiert werden. Dabei wurde eine umfangreiche, interne Wissensdatenbank erstellt, die allen Entwicklern zugänglich ist. Bei der Einführung eines solchen FOSS Compliance Management-Prozesses sollten sich das obere und mittlere Management darüber im Klaren sein, dass die Nutzung von FOSS-Komponenten an tw. komplexe, lizenzrechtliche Bedingungen gebunden ist. Aus technischer Sicht sind festgelegte Backup-Zyklen und Performanz weitere wichtige Voraussetzungen.

Zudem empfiehlt es sich, im Zuge der Erstellung der FOSS-Policy die unternehmenseigenen Projekte zu kategorisieren und entsprechende Analysekriterien zu definieren, um unnötigen Analyseaufwand zu vermeiden. So könnte ein kleines Demoprojekt nur mit der Analyse bestimmter Schlüsselworte (z.B. „GPLv3 String Search“), ein kritisches Plattform- oder Kundenprojekt hingegen mit einem vollständigen Datenbankabgleich untersucht werden (sog. „Code Match“–Analyse). Die Analysetiefe kann auch innerhalb eines Projektes variiert und an die kundenspezifische Relevanz der Software-Lieferungen angepasst werden: Entwicklungsstände wären z.B. mit „String Search“ zu untersuchen, während kritische Kundenreleases mit einem vollständigen „Code Match“-Durchlauf überprüft werden müssen.

5.1 Ausblick

Auch wenn sich der dargestellte FOSS Compliance Management-Prozess und die genannten Software-Werkzeuge zur Tool-Unterstützung in mehreren Kundenprojekten bewährt haben, so wird dennoch im praktischen Einsatz an verschiedenen Stellen Verbesserungspotential sichtbar.

Aktuell existiert für den FOSS Compliance-Manager noch keine (semi-) automatische Möglichkeit, effizient über Änderungen der Lizenzbedingungen informiert zu werden (z.B. beim Auftreten neuer MIT-Derivate). Von ähnlicher Problematik ist die fehlende Anbindung an Security-Datenbanken (wie z.B. NVD, *National Vulnerability Database*), die auf eventuelle Bugs (z.B. Heartbleed) hinweisen und dem FOSS Compliance-Manager einen Überblick über die Verwendung schadhafter Komponente innerhalb der laufenden Projekte geben. Aus Kundensicht ist dies eine wichtige Verbesserung, denn auf diese Weise könnten OEM und/oder Tier-1-Supplier jederzeit und umgehend vom Lieferanten über schadhafte Software in den vergangenen Lieferungen informiert werden.

Mit Hilfe eines schlanken, aber ausgereiften FOSS Compliance-Managements ist es gelungen, das Bewusstsein für die Risiken und Verpflichtungen zu schärfen und eine angemessene, urheberrechtliche Betrachtung unbekannter Inhalte vorzunehmen. Urteile aus dem Bereich der Consumer Electronics (z.B. Welte/FANTEC s. [4]) machen deutlich, dass vor allem die GPLv2-Lizenzbestimmungen rechtlich durchsetzbar sind und Verletzungen für den Lieferanten schwerwiegende Auswirkungen haben können.

Literaturangaben

[1] http://www. Blackducksoftware.com/oss/licenses

[2] https://www.automotivelinux.org/about

[3] http://www.ifross.org/lizenz-center

[3] Jäger/Metzger „Open Source Software“, Verlag C.H. Beck 2011

[4] http://www.ifross.org/sites/default/files/130618%20Urteil%20Fantec.pdf

[5] Disselkamp/Schüller "Lieferantenrating: Instrumente, Kriterien, Checklisten", Springer Verlag 2004

Arbeiten mit verteilten Teams: Die Sicht eines Softwarearchitekten

Michael Koltan

OXID eSales
Core Development
Bertoldstraße 48
79098 Freiburg
Michael.Koltan@oxid-esales.com

Abstract: Der Softwareentwicklungsprozess ist zugleich ein Teamprozess. Damit dieser Teamprozess funktioniert, muss eine ausgeprägte Diskussionskultur innerhalb des Teams existieren, die möglichst ungetrübt von Hierarchien ist. Der Aufsatz beschreibt aus der Perspektive eines Softwarearchitekten, welche Probleme auftreten können, wenn das Team nicht mehr vor Ort, sondern auf mehrere Standorte verteilt ist.

1 Der Entwicklungsprozess

Software wird von Menschen geschrieben. Das scheint eine absolute Binsenweisheit zu sein, die keiner sonderlichen Erwähnung bedarf. Doch um die Probleme zu verstehen, die sich daraus ergeben, wenn man gezwungen ist, mit verteilten Teams zu arbeiten, ist diese scheinbare Binsenweisheit der eigentliche Knackpunkt. Projektmanager – oder allgemeiner: das Management – vergessen oft, dass es sich um Individuen handelt, die die notwendige Software für ein Produkt oder Projekt schreiben.

Als in den 90er Jahren des vorigen Jahrhunderts die ersten Überlegungen zu verteilten Softwareteams publiziert wurden, formulierten die Autoren gelegentlich erstaunliche Erwartungen. Die Verwendung von Teams in verschiedenen Zeitzonen wurde als Chance gesehen, Software fließbandmäßig im Schichtbetrieb erstellen zu lassen:

> „For example, one team will work on a task during their normal working hours. At some stage before the end of their day, some or all of the task will be handed over to a collaborating team to continue during their normal working hours. Near the end of the collaborating team's day, they will hand the task back for continuation by the original team. In this manner, a group would be able to build upon the progress made by the collaborating team

> 'overnight' – a phenomenon we call *the overnight gain effect.*"
> [1, S.648]

Das Paradigma, auf dem derartige Überlegungen fußten, war das eines industriellen Fertigungsprozesses. Und industrielle Fertigungsprozesse unterstellen eine besondere Form der Arbeitsteilung, nämlich eine, bei der die Individualität der Arbeitsleistung aufgrund der Normung des Fertigungsprozesses bedeutungslos wird. Die Arbeit von Individuum A unterscheidet sich nicht von der des Individuums B [2, S.145]. Und in der industriellen Fertigung ist dies tatsächlich Praxis. Es ist völlig bedeutungslos, wer am Fließband die Schrauben eindreht.

Doch Softwareentwicklung ist kein derartiger industrieller Prozess. Zumindest nicht, wenn es um Software geht, die eine gewisse Komplexität aufweist, auf Wartbarkeit und Erweiterbarkeit hin ausgelegt ist und mehrere Releasezyklen durchlaufen soll.

Es entbehrt daher nicht einer gewissen Ironie, dass ausgerechnet in einem Automobilkonzern im selben Jahr, in dem das oben angeführte Zitat veröffentlicht wurde, damit begonnen wurde, sich vom Paradigma der industriellen Fertigung zu lösen. Kent Beck entwicklte damals bei Chrysler die Methodik des *extreme programming* (XP)[3]. *Extreme programming* war eine der ersten sogenannten agilen Methoden der Softwareentwicklung. Mit der agilen Herangehensweise wurde versucht, eine der Realität der Softwareentwicklung adäquatere Methodik der Projektplanung zu etablieren.

Bei Softwareprojekten läuft einiges anders als bei anderen Produktionsprozessen. Am Ende kann nicht mit einem materiellen Produkt aufgewartet werden. Den wesentlichen Unterschied finden wir dabei im Verhältnis von Planung und Ausführung.

Bei materiellen Produkten sind Planung und Ausführung weitgehend getrennt. Zu dem Zeitpunkt, an dem das tatsächliche Produkt hergestellt wird, können nur noch kleinere Korrekturen am ursprünglichen Design vorgenommen werden. Bei Software ist dies grundsätzlich anders: Korrekturen am Design sind während der eigentlichen Programmierung der Normalfall. Und das nicht nur deshalb, weil es möglich ist. Agile Softwareentwicklung geht vielmehr davon aus, dass es nicht funktioniert, wenn der eigentlichen Programmierung eine vollständige Spezifikation vorausgeschickt wird.

Mit jedem neuen Projekt startet man deshalb immer wieder ins Ungewisse. Und es kann von vornherein davon ausgegangen werden, dass unerwartete Probleme auftauchen. Man läuft in Sackgassen und wird gezwungen, bereits geschriebenen Code zu entsorgen. Software, das zeigt die Erfahrung, muss ständig refaktoriert werden, sonst verdirbt sie noch während sie geschrieben wird.

Diese Umwege und Sackgassen haben Auswirkungen auf die Arbeitsteilung. Nehmen wir als Beispiel den Bau eines Hauses. Der Architekt entwickelt aus den Anforderungen des Kunden einen Plan, legt diesen vor, berücksichtigt Änderungswünsche und korrigiert den Plan so lange, bis der Kunde zufrieden ist. Dann werden die Pläne an die Baufirma übergeben, die das Gebäude hochzieht, während der Architekt nur noch überprüft, dass seine Vorgaben eingehalten werden.

In der Softwareentwicklung hingegen ist es völlig ineffizient, die Planung und das Design von der Programmierung selbst zu trennen. Hier gibt es nicht, wie bei der industriellen Fertigung, die Ingenieure und Designer auf der einen Seite und die Arbeiter auf der anderen Seite, die die Konzeptionen dann in ein fertiges Produkt umsetzen. Zumindest sollte es das nicht geben, wenn man die Erkenntnisse der agilen Softwareentwicklung ernst nimmt – was in der Praxis leider oft genug noch nicht der Fall ist.

Softwaredesign und Programmierung sind keine zwei getrennten Schritte, sondern ein kontinuierlicher Prozess, in dem beides ineinander greift. Jedem Programmierer werden ständig Designentscheidungen abgefordert – ob er will, oder nicht. Und er trifft Entscheidungen, indem er auf seinen persönlichen Erfahrungsschatz zurückgreift. Und darin liegt ein großes Problem.

Denn am Ende soll ein einheitliches, wartbares, refaktorierbares Produkt stehen, nicht ein Patchwork aus unterschiedlichsten Designentscheidungen. Das heißt, das Entwicklerteam muss als Einheit agieren, nicht als bloße Summe von Individuen. Und die alles entscheidende Frage ist: Wie macht man aus einer Ansammlung sehr unterschiedlicher Individuen, die zudem häufig noch an verschiedenen Standorten sitzen, ein einheitlich agierendes Team?

2 Der Teamprozess

Es gibt hierfür keinen Königsweg. Jedes Team ist anders, die Rahmenbedingungen sind andere, kurz: Es gibt keine abstrakte Antwort darauf, wie man ein Team dazu bringt, einheitlich zu agieren. Es ist aber schon viel dadurch gewonnen, wenn man versteht, dass auch ein Team keine statische Größe ist, sondern selbst einen Entwicklungs- und Lernprozess durchläuft.

Die folgenden Ausführungen beruhen im Wesentlichen auf meiner Erfahrung als Softwarearchitekt in zwei verschiedenen Konstellationen: Als Architekt im Rahmen lokaler Teams und als Architekt für Teams, die an anderen Standorten arbeiten. Deshalb werden einige Fragestellungen nicht behandelt: Etwa wie man das Team überhaupt erst mit den Kundenanforderungen vertraut macht, wenn das Produktmanagement an einem anderen Standort angesiedelt ist. Oder Schwierigkeiten, die dann auftreten, wenn das Team noch stärker fragmentiert ist.

Ganz gleich wie die Konstellation ist, eines gilt immer: Das Team muss im Laufe seiner Arbeit einen kontinuierlichen Lernprozess durchlaufen. Und ein solcher Lernprozess setzt eine Sache unabdingbar voraus: Miteinander reden. Innerhalb des Teams muss diskutiert, besser noch: gestritten werden. Eine ausgeprägte Streitkultur ist kein Nachteil, sondern ein großer Vorteil für ein Team. Meiner Erfahrung nach ist Softwareentwicklung in der Praxis keine wissenschaftliche Angelegenheit. Zumindest nicht ausschließlich. Es geht dabei sehr viel um Erfahrung. Und diese Erfahrung wird größtenteils mündlich tradiert.

Es haben sich inzwischen gewisse Standards herausgebildet, die jeder Entwickler kennen sollte. Das Buch über *design patterns* von Erich Gamma und anderen [4] ist zweifellos ein Meilenstein, um die aus der Praxis der Softwareentwicklung gewonnene Erfahrung in verallgemeinerter Form zugänglich zu machen. Doch es nützt wenig, abstrakt *design patterns* zu lehren. Anders als bei Algorithmen, die für einen bestimmten Zweck entwickelt werden und eine klare Aufgabe haben, sind *design patterns* Verallgemeinerungen aus Anwendungsfällen. Und wer nie praktisch mit den Problemen zu tun hatte, auf die bestimmte *design patterns* die Lösung sind, wird sie auch nicht richtig einsetzen können.

Tatsächlich sind *design patterns* eher Hilfsmittel, um die Diskussion im Team über Designentscheidungen zu vereinfachen. Sie können die Diskussion aber nicht ersetzen. Das gilt auch für andere derartige Heuristiken, wie etwa die *SOLID principles* [5] oder *clean code* [6]. Natürlich sollte man diese Dinge als Softwareentwickler kennen, aber man sollte sie nie als verbindliches Regelwerk ansehen, an das man sich sklavisch zu halten hat. Richtig verstanden sind es Elemente unserer Sprache, in der wir uns mit anderen Softwareentwicklern darüber austauschen, wie wir ein bestimmtes Problem lösen wollen.

Erfahrungsaustausch und Diskussion sind deshalb das A und O für erfolgreiche Softwareprojekte. Nur wenn alle im Team an einem Strang ziehen, die auftretenden Probleme gemeinsam erörtern und im Kollektiv Lösungen erarbeiten, wird am Ende ein Produkt herauskommen, das den Ansprüchen aller gerecht wird.

3 Verteilte Teams

Und damit kommen wir zu den Herausforderungen von verteilten Teams: Im Gegensatz zu lokalen Teams ist die Kommunikation bei verteilten Teams deutlich komplizierter. Tatsächlich wird das Problem der Kommunikation auch in der Literatur zur verteilten Softwareentwicklung als das zentrale Problem diskutiert. Ein Überblick findet sich in [7] und [8].

Denn die einfachste und effektivste Form der Kommunikation ist immer noch das direkte Gespräch. Da geht es durchaus um Kleinigkeiten, die aber in der Summe einen wichtigen Unterschied ausmachen. Etwa die schnelle Frage an den Kollegen am nächsten Schreibtisch, wie man eine bestimmte Klasse benennen soll. Das klingt trivial, geht aber über das einfache Resultat hinaus, dass die Klasse dadurch einen sprechenderen Namen erhält und der Code besser lesbar wird. Durch die kontinuierliche Miteinbeziehung anderer Teammitglieder wird der Code in einem höheren Maße zu einem Gemeinschaftsprojekt.

Selbst die informelle Kommunikation an der Kaffeemaschine ist für das Gelingen eines Projektes durchaus von Bedeutung:

> „Disruption to a second, vital communication channel can be surprisingly crippling: developers not located together have very little informal, spontaneous conversation across sites. Informal „corridor talk" helps people stay aware of what is going on around them, what other people are working on, what states various parts of the project are in, who has expertise in what area, and many other essential pieces of background information that enable developers to work together efficiently." [9, S.18]

Bei verteilten Teams funktioniert so etwas aus naheliegenden Gründen nicht. Und das ist ein echter Nachteil. Als Ersatz dafür hat sich in der Praxis der Einsatz von *chats* bewährt, wo man kleine Fragestellungen in die Runde werfen kann. Doch die natürliche Rede und Gegenrede des direkten Gesprächs kommt auch so nicht zu Stande. Im *chat* findet keine wirkliche Diskussion statt, sondern in der Regel eher eine Art Abstimmung über Vorschläge.

Dies wiederholt sich auf einer etwas höheren Stufe, wenn es sich um echte Designprobleme handelt. Bei einem lokalen Team ist es einfach, mit einem Kollegen oder einer Kollegin ins Besprechungszimmer ans *Whiteboard* zu gehen und das aktuelle Problem zu skizzieren. Das führt häufig zum Ziel. Wenn nicht, involviert man eben weitere Teammitglieder.

Ist das bei den heutigen Kommunikationsmöglichkeiten, die uns zur Verfügung stehen, noch ein echtes Problem? Eine Videokonferenz ist heutzutage nichts Besonderes mehr. Aber auch hier gilt: Der Griff zum *Headset* ist etwas anderes als das direkte Gespräch. Gestik und Mimik, welche die kleinen Botschaften zwischen den Zeilen untermauern, werden durch das dazwischengeschaltete Medium verändert. Und es fehlt das *Whiteboard.* Die Visualisierung von Fragestellungen (etwa durch eine Skizzierung von Klassenabhängigkeiten) ist ein wichtiges Hilfsmittel, um die Problematik eines bestimmten Ansatzes frühzeitig zu sehen, eine Diskussion in Gang zu bringen und diese schnell in fruchtbare Bahnen zu lenken.

Man sieht: Technische Surrogate existieren, sind aber keine gleichwertige Alternative. Hinzu kommt ein gewaltiger Aufwand, die Technik aufzusetzen. Deswegen muss der kontinuierliche Informations- und Erfahrungsaustausch auf andere Art und Weise gestärkt werden.

Dabei sind sporadische Treffen im *Real Life* wenig geeignet. Es ist ganz nett, den Kollegen und Kolleginnen, die man bisher nur aus dem *Chat* oder von der Videokonferenz her kennt, auch einmal persönlich zu begegnen. Doch da wir uns den Anforderungen nach kontinuierlichem *Redesign* und *Refactoring* gegenübersehen, brauchen wir einen ebenso kontinuierlichen Diskussionsprozess. Dafür sind solche gelegentliche Treffen denkbar ungeeignet. Bestenfalls als *Kick-off Meetings*, in denen zu Beginn eines Projektes grundsätzliche Entscheidungen zur *Domain*-Modellierung oder allgemeine Architekturentscheidungen diskutiert werden, mögen sich derartige Treffen als effektiv erweisen.

Wir sind also auf regelmäßige Besprechungen per Videokonferenz angewiesen. Wenn man den *Scrum*-Prozess [10] zur agilen Entwicklung verwendet, dann bietet sich hier vorzugsweise das *Grooming Meeting* an. Für diejenigen, die mit dem *Scrum*-Prozess nicht vertraut sind: *Scrum* ist ein iterativer Prozess mit relativ kurzen Zyklen, die in der Regel zwei Wochen dauern. In der Mitte eines jeden derartigen Zyklus ist das *Grooming Meeting* vorgesehen, in dem über Aufgaben diskutiert wird, die nicht im aktuellen Zyklus zu bearbeiten sind, die aber in nicht allzu ferner Zukunft anstehen. In der eigentlichen Definition des *Scrum*-Prozesses ist diese Besprechung optional. In der Tat ist das *Grooming Meeting* bei einem lokalen Team mit einer ausgeprägten Diskussionskultur weitgehend überflüssig. Durch den kontinuierlichen Diskussionsprozess im Team wissen die Teammitglieder über die aktuelle Iteration hinaus Bescheid, wohin die Entwicklung in der Zukunft führen wird.

Bei verteilten Teams allerdings, wo der Kommunikationsfluss beeinträchtigt ist, ist eine derartige Besprechung unerlässlich. Ohne *Grooming Meeting* fehlt dem Team die notwendige Information für ein Gesamtbild des Projektes zu einem bestimmten Zeitpunkt. Diese braucht es aber zwingend, nicht nur um für zukünftige Aufgaben gewappnet zu sein, sondern auch um die Relevanz und den Kontext aktueller Aufgaben einschätzen zu können.

Eine solche Besprechung lässt sich im Prinzip problemlos in Form einer Videokonferenz durchführen, wenn sie gut vorbereitet ist. Allerdings offenbart sich hier ein Problem, das durch die unterschiedlichen Standorte zwangsläufig auftritt. Oberflächlich betrachtet tritt uns dieses erneut als das *White-*

board-Problem entgegen, das bereits oben erwähnt wurde. Wenn ein lokales Team ein *Grooming Meeting* durchführt, findet dies in einem Besprechungsraum mit *Whiteboard* statt. Der Produktverantwortliche wird die Aufgabe schildern, dann wird das Team versuchen, Lösungsansätze zu skizzieren, um den Umfang der Aufgabe, ihre Fallstricke und Risiken abschätzen zu können. In neun von zehn Fällen wird dabei das *Whiteboard* zum Einsatz kommen.

Informelle Skizzen, Klassendiagramme, Ablaufdiagramme – all das hilft, um das jeweilige Problem in den Griff zu bekommen. Aber nicht nur das: Es hilft auch in einem allgemeineren Sinn, verschiedene Designoptionen durchzuspielen. Denn natürlich hat man, wenn man als der Softwarearchitekt des Teams in eine solche Besprechung geht, eine bestimmte Vorstellung, wie das Problem gelöst werden soll. Aber man wird, zumindest wenn man seinen Job versteht, diese Lösung nicht einfach dem Team aufoktroyieren. Sondern man wird, mit einem ersten Lösungsansatz im Kopf, eine Diskussion beginnen und zusammen mit dem Team noch einmal alle Fragen und Probleme durchgehen, um die Lösung Stück für Stück auszuarbeiten. Dies führt in der Regel dazu, dass sich das ursprüngliche Design, das man im Kopf hatte, verändert. Oft sogar recht deutlich. Denn nicht nur die Entwickler brauchen die Erfahrung des Architekten, auch der Architekt braucht die Erfahrung der Entwickler.

4 Hierarchisierung des Teamprozesses

Wirklich gut funktioniert ein solcher Prozess allerdings nur auf lokaler Ebene. Wird ein *Grooming Meeting* für eine Videokonferenz vorbereitet, dann müssen Klassen- oder Ablaufdiagramme vor Beginn der Besprechung vorliegen. Eine Absprache zwischen Architekt und Produktmanager muss schon im Vorfeld geschehen. Jeder Teilnehmer hat dann die entsprechenden PDF-Dateien vor sich. Der Unterschied scheint nicht besonders groß zu sein; und natürlich wird man auch in dieser Konstellation Anregungen und Kritik aufnehmen. Doch bei einer fertig ausgearbeiteten Lösung tritt der psychologische Effekt ein, dass das Design viel eher in Stein gemeißelt erscheint, als wenn es nach und nach erläuternd am *Whiteboard* entwickelt wird. Hinzu kommt, dass Korrekturen nicht unmittelbar visualisiert werden können, indem man schwächere Teile des Designs einfach auswischt und ersetzt. Oft bleibt im Wust kleinerer Korrekturen verborgen, dass diese in der Summe darauf hindeuten, dass man eventuell einen grundsätzlich anderen Weg beschreiten sollte.

Das ist das unmittelbar zu beobachtende Phänomen. Dahinter steckt jedoch eine weit folgenreichere Veränderung: Die eigentliche Teamstruktur wird hierarchischer, autoritärer, egal wie sehr man versucht, gegenzusteuern. Weiter oben wurde schon angemerkt, dass die Trennung zwischen Planung und Ausführung bei Softwareprojekten ineffizient ist. Doch genau diese Trennung tritt durch verteilte Teams automatisch auf. Der Architekt im Team ist nicht mehr der, der in den allgemeinen Diskussionsprozess seine größere Erfahrung einbringt und auf mögliche Lösungswege hindeutet, die den weniger erfahrenen Entwicklern nicht eingefallen wären. Sondern er wird wieder zum Planer, der Rest des Teams zu Ausführenden. Und das hindert die Entstehung der gewünschten Teamdynamik: Der eine Teil der Entwickler ist zufrieden, dass es präzise Anweisungen gibt und arbeitet sie stur ab, ohne einen Gedanken an den Sinn des Ganzen zu verschwenden. Und die anderen, die sich eigene Gedanken machen, fühlen sich bevormundet und übergangen.

Wie in der Politik führen auch in der Softwareentwicklung autoritäre Strukturen auf der einen Seite zu Duckmäusertum, auf der anderen Seite zu mehr oder minder offener Rebellion. Beides sind keine guten Voraussetzungen für ein erfolgreiches Projekt. Denn das zerstört das Gefühl jedes einzelnen Teammitglieds, für das Produkt mitverantwortlich zu sein. Das, was eigentlich erreicht werden soll, nämlich ein zwar modulares, aber doch einheitliches Produkt, das mit gut lesbarem Code aufwartet, geht verloren. Da sich das Team nicht mehr verantwortlich fühlt, wird die Verantwortung dafür nach weiter oben in der Hierarchie abgeschoben.

Ein ideales Team kennt keine Hierarchien. Das heißt nicht, dass es nicht unterschiedliche Aufgaben und Kompetenzen gibt. Als Softwarearchitekt bin ich mehr mit der Planung als mit dem Schreiben von Code beschäftigt. Aber damit stehe ich in der Teamhierarchie prinzipiell nicht höher. Ich bin einfach der Ansprechpartner im Team für Designentscheidungen. Tatsächlich besteht ein gutes Team aus Spezialisten, die alle in unterschiedlichen Bereichen sehr gut sind. Und in der Praxis wird jedes Team aus seiner eigenen Dynamik heraus eine Arbeitsteilung entwickeln, weil es unterschiedliche Interessen und Fähigkeiten bei den einzelnen Teammitgliedern gibt. Und diese Form der Arbeitsteilung ist derjenigen aus der industriellen Fertigung diametral entgegengesetzt: Die Individualität der einzelnen Arbeiten verschwindet nicht, sondern ist im Gegenteil die Grundlage erfolgreicher Teamarbeit.

Natürlich sollte diese unvermeidbare fachliche Ausdifferenzierung nicht in eine Hierarchisierung münden. Leider lässt sich das nicht immer vermeiden. Doch das beste Mittel dagegen anzugehen, ist wie immer: Kommunikation und Diskussion. Nichts lehrt einen mehr Demut als eine produktive Teamdiskussion, wenn man erkennt, wie eingeschränkt der eigene Blickwinkel ist und wie viele Aspekte man nicht bedacht hat.

Und damit sind wir wieder beim Grundproblem von verteilten Teams: Hier wird eine Hierarchisierung beinahe unvermeidlich. Als Softwarearchitekt bin ich nun die Person, die Vorgaben macht, werde nicht einfach als diejenige wahrgenommen, die eine besondere Expertise in Designfragen hat. Eine derartige Hierarchisierung führt dazu, dass sich das Team nicht mehr als Ganzes für das Produkt verantwortlich fühlt.

5 Technische Vereinheitlichung des Codes

Damit setzt sich ein Teufelskreis in Gang. Wenn das Team selbst die Verantwortung für das Produkt nicht mehr übernimmt, muss mehr kontrolliert werden. Und da für eine intensive Nachprüfung des Codes in der Regel die Ressourcen fehlen, behilft man sich mit technischen Hilfsmitteln, um bestimmte Regeln durchzusetzen.

Hierfür stehen eine Menge nützlicher Werkzeuge zur Verfügung, von denen viele aus dem Bereich der *Open Source* Softwareentwicklung kommen. Denn bei *Open Source* Projekten, bei denen prinzipiell jede Softwareentwicklerin, die Lust hat, beitragen kann, stellen sich die beschriebenen Problematiken in noch einmal verschärfter Form. *Open Source* Projekte litten schon immer an den Problemen verteilter Softwareentwicklung und haben deshalb technische Lösungen für die der verteilten Entwicklung inhärenten Schwierigkeiten entwickelt.

Das betrifft zunächst einmal die Kommunikation. Bis heute sind mailing Listen das zentrale Kommunikationsmedium, um alle Beiträger auf dem gleichen Diskussionsstand zu halten. Für unmittelbarere Kommunikation wurde oft ein *internet relay chat* (IRC) verwendet, was inzwischen mehr und mehr durch *slack* [11] ersetzt wird.

Für formalisierte Kommunikation über Projektprobleme entstanden dann zu Beginn der 90er Jahre die ersten *bugtracker*. 1992 wurde GNATS veröffentlicht, das GNU *bugtracking* Werkzeug, das Fehlerberichte noch in Form einer speziell formatierten email erwartete. Inzwischen sind eine Vielzahl derartiger Problemverwaltungswerkzeuge entstanden, die heute nicht nur Fehlerberichte verwalten, sondern allgemein zur Bewältigung der Projektplanung eingesetzt werden. Aus den Bugtrackern der 90er Jahre entwickelten sich mit der Zeit voll ausgeprägte *Task Management Systeme*.

Doch nicht nur die Kommunikation musste verwaltet werden, sondern auch der Sourcecode. Mit dem *Concurrent Versions System* (CVS) entstand bereits in den 80er Jahren, nur kurz nach der ersten Implementierung des IP-basierten Internets, eine für verteilte Teams taugliche Versionsverwaltungssoftware, die auf dem noch älteren *Revision Control System* (RCS) beruhte, das noch nicht über eine Teamintegration verfügte. Von nun an wurde *Sourcecode* in zentralen Repositories verwaltet und jedes Team-Mitglied konnte auf seiner eigenen Kopie arbeiten und auch die Änderungen auf eine kontrollierte Art und Weise wieder zurückschreiben. CVS wurde im *Open Source* Bereich dann aufgrund diverser Beschränkungen durch *Subversion* abgelöst, das seinerseits inzwischen weitgehend durch *Git* verdrängt ist.

Das dritte wichtige Werkzeug in diesem Zusammenhang kommt nicht aus der *Open Source* Welt, wird aber auch dort zusehends eingesetzt: *Continuous Integration* [12]. Gemeint sind damit Umgebungen, die in kurzen Abständen das jeweilige Produkt bauen und automatisierte Tests darauf ausführen.

Die Verwendung dieser Werkzeuge ist heute de facto Standard, bei quelloffenen Projekten genauso wie bei proprietären. Und kein Softwareentwickler wird die Sinnhaftigkeit in Frage stellen.

Doch man kann noch viel weiter gehen. So können wir beispielsweise mit Hilfe von *Gerrit* [13] verhindern, dass Code ohne Begutachtung durch einen zweiten Entwickler in die Versionsverwaltung eingepflegt wird. Oder wir erzwingen, dass jeder *Commit* eine Referenz auf das Taskmanagementsystem beinhalten muss. Oder wir ergänzen die *Continuous Integration* durch *Continuous Inspection*. Werkzeuge wie *SonarQube* [14] erlauben uns, sehr feingranulare Anforderungen an den Code zu formulieren und automatisch überprüfen zu lassen: Länge von Methoden, Anzahl von Parametern, maximal erlaubte zyklomatische Komplexität, ein notwendiger Schwellwert für die Testabdeckung usw.

Das sind alles sehr nützliche Werkzeuge, die ihre Berechtigung haben und die, vernünftig eingesetzt, Schwächen im Entwicklungsprozess beziehungsweise im Produkt aufzudecken helfen. Doch je mehr man mit solchen Regeln und vor allem Kontrollen arbeitet, umso mehr fühlen sich die Entwickler in ihrer Arbeit gegängelt, macht sich eine Gleichgültigkeit gegenüber dem Produkt bemerkbar, müssen Kontrollen und Regeln verstärkt werden. Wie gesagt: Es ist ein Teufelskreis, weshalb Kent Beck bereits 1998 warnte:

> „Technology gets in the way of communication. Therefore, avoid it whenever possible. In particular, CASE tools and project management tools interfere with communication, so don‘t use them. Write information on index cards, stacked, stapled, color coded, and rubber-banded as necessary.
> Face-to-face communication is far more effective than any other kind.“ [15, S.4]

6 Warum überhaupt verteilte Teams?

Um die Frage zu beantworten, was wir tun können, müssen wir zunächst die Gründe für verteilte Teams verstehen. Die zu Beginn formulierte Vorstellung, man könne Software über Zeitzonen verteilt im Schichtbetrieb erstellen und dadurch schneller mit seinem Produkt am Markt sein [1], ist meines Erachtens illusorisch. Wenn man sich von solchen Illusionen verabschiedet, gibt es noch zwei Gründe. Grund eins: Wir finden vor Ort keine geeigneten Entwickler und müssen deshalb auf andere Regionen ausweichen. Grund zwei: Woanders sind Entwickler einfach billiger.

Das zweite Argument können wir entkräften: Die Probleme, die durch verteilte Teams entstehen, sind so schwerwiegend und fressen so viele Ressourcen auf, dass es sich unter dem Strich nicht lohnt, bei den Gehältern zu sparen. Was man einerseits bei den Entwicklern spart, verliert man andererseits durch den höheren Verwaltungsaufwand. Zumindest wenn es sich um langlebige Software mit einem gewissen Qualitätsstandard handelt. Für kurzlebige Software-Wegwerfprodukte mag sich das anbieten, vielleicht auch für randständige Module, die durch Interfaces sauber abgetrennt sind und wo es keine große Rolle spielt, wie gut oder schlecht sie programmiert sind. Es gilt aber definitiv nicht für Produkte mit längerfristigen Veröffentlichungs- und Wartungszyklen.

Das erste Argument ist nicht so einfach abzutun. Es gibt in der Tat einen Mangel an kompetenten Entwicklern, während in anderen Weltgegenden geeignete Kandidaten zur Verfügung stehen. Wie sich die Projektsituation dadurch verschärft wurde ausführlich dargelegt. Hinzu kommen unterschiedliche Sprachen und Kulturen, mit denen Teams umgehen lernen müssen. Nach Kommunikationsproblemen werden in der Literatur kulturelle Probleme als zweitwichtigster Faktor für das Scheitern verteilter Projekte genannt [7,8].

Natürlich kann man davon ausgehen, dass jeder einigermaßen kompetente Softwareentwickler auf der Welt des Englischen mächtig ist. Und als lingua franca der IT-Branche funktioniert das auch leidlich. Doch wie bereits ausgeführt wurde, ist eines der Hauptprobleme verteilter Teams, dass es sehr schwer ist, eine lebhafte Diskussionskultur aufrechtzuerhalten. Und es ist das eine, sich auf Englisch zu verständigen, das andere, eine streitbare Diskussion zu führen. Sprachbarrieren machen es für verteilte Teams also doppelt schwierig.

Und es wurde auf die Gefahren autoritärer Strukturen hingewiesen, die sich durch die Verteilung des Teams auf mehrere Standorte ergeben. Auch dies kann sich noch verstärken, nämlich aufgrund kultureller Unterschiede. Wenn ein Teil des Teams in einer Weltgegend lebt und arbeitet, wo die Kultur noch deutlich autoritärer strukturiert ist als hier, wird sich die bereits beschriebene Tendenz zur Hierarchisierung vertiefen.

7 Fazit

Wenn man also ein Fazit ziehen will, dann dieses: Verteilte Teams sind keine gute Basis für ein erfolgreiches Softwareprojekt. Wenn es sich irgendwie vermeiden lässt, sollte man es tun. Was aber, wenn sie nicht vermeidbar sind? Dann muss man, allen Widrigkeiten zum Trotz versuchen, eine gute Diskussionskultur zu etablieren. Alle Teammitglieder müssen ermutigt werden, Designentscheidungen, die von außen an sie herangetragen werden, in Frage zu stellen oder zumindest auf Erläuterungen zu pochen.

Die Hierarchisierung wird sich nicht vermeiden lassen, weshalb meines Erachtens offensiv mit ihr umgegangen werden muss. Es nützt nichts, sie zu verleugnen und unter den Tisch zu kehren. Trotzdem sollte man in einer solchen Autoritätsposition regelmäßig den Rat des gesamten Teams einholen und die eigenen Entscheidungen so transparent wie möglich machen.

Ich weiß, wie wenig hilfreich diese Schlussbemerkungen sind. Ich denke, dass der größere Nutzen meiner Ausführungen darin besteht, die Kernprobleme herausgearbeitet zu haben. Der geschärfte Blick könnte helfen, an vielen kleinen Stellschrauben zu drehen, um den Teamprozess so diskussionsfreudig und antiautoritär wie nur möglich zu gestalten – trotz der notwendigen Zwischenschaltung technischer Kommunikationsmittel.

Literatur

[1] Ian Gortona, Sanjeev Motwanib: Issues in co-operative software engineering using globally distributed teams. – In: Information and Software Technology 38 (1996), Nr. 10, S. 647–655.

[2] Hannah Arendt: Vita activa oder Vom tätigen Leben. München 2002.

[3] Kent Beck: Extreme Programming Explained: Embrace Change. Reading MA u. a. 1999.

[4] Erich Gamma, Richard Helm, Ralph Johnson, John Vlissides: Design Patterns. Elements Of Reusable Object-Oriented Software. Reading MA u. a. 1994.

[5] Robert C. Martin: Agile Software Development. Principles, Patterns, and Practices, New Jersey 2003.

[6] Robert C. Martin: Clean Code: A Handbook of Agile Software Craftsmanship. New Jersey, 2008.

[7] Miguel Jiménez, Mario Piattini und Aurora Vizcaíno: Challenges and Improvements in Distrubuted Software Development: A Systematic Review. – In: Advances in Software Engineering 2009, Article ID 710971, 14 Seiten. doi:10.1155/2009/710971.

[8] Fabio Q.B. da Silva, Catarina Costa, A. César C. França, Rafael Prikladinicki: Challenges and Solutions in Distributed Software Development Project Management: a Systematic Literature Review. – In: International Conference on Global Software Development (ICGSE 2010) Princeton, NJ, USA, 2010, S.87 - 96.

[9] James D. Herbsleb und Deependra Moitra: Global Software Development. – In: IEEE Software 18 (2001), Nr.2, p.16-20. doi:10.1109/52.914732.

[10] Ken Schwaber und Mike Beedle: Agile software development with Scrum. New Jersey 2002.

[11] URL: https://slack.com.

[12] Martin Fowler: Continuous Integration (2006).
URL: http://martinfowler.com/articles/continuousIntegration.html.

[13] https://www.gerritcodereview.com.

[14] http://www.sonarqube.org.

[15] Kent Beck: Extreme Programming: A Humanistic Discipline of Software Development. Fundamental Approaches to Software Engineering. – In: First International Conference, FASE'98, Held as Part of the Joint European Conferences on Theory and Practice of Software, ETAPS'98, Lisbon, Portugal, March 28 - April 4, 1998, Proceedings, Volume 1. Berlin u.a. 1998.

Teil IV
Young Researchers

SmartBed: Vernetztes Assistenzsystem zur Qualitätsverbesserung in der Pflege

Johannes Wieland, Eduard Wolf

Fakultät Informatik
Hochschule Furtwangen
Robert-Gerwig-Platz 1
78120 Furtwangen
{Johannes.Wieland, Eduard.Wolf}@hs-furtwangen.de

Abstract: Computer halten in allen Situationen des Alltages Einzug in das Leben der Menschen. Ambient Assisted Living (AAL) ermöglicht es, viele Bereiche des Haushaltes mit Hilfe von vernetzten Sensoren und Aktoren zu unterstützen. Intelligente Steuerungen für Betten erhöhen Lebensqualität und Komfort und helfen Menschen dabei, auch im Alter eigenständig zu agieren. Heutige Pflegebetten bieten allerdings nicht die Möglichkeit der Vernetzung und der Steuerung von außerhalb. In diesem Beitrag wird eine auf OpenSource-Komponenten basierende Lösung dieses Problems entwickelt und beschrieben.

1 Einleitung

In den letzten Jahren sind Computer immer kleiner, schneller und leistungsfähiger geworden. Dieser Fortschritt ermöglicht neue Anwendungsbereiche [1]. Computer sind zu einem wesentlichen Bestandteil unseres Lebens geworden und erleichtern das Leben in vielen Bereichen. Auf Grund des demografischen Wandels wird es in Zukunft immer wichtiger, neue und innovative Ideen zu entwickeln, um ältere oder pflegebedürftige Menschen und deren Pflegekräfte zu entlasten [2]. Hier scheint es umso sinnvoller, technische Hilfsmittel zu entwickeln und diese als Unterstützung zu nutzen [12].

Heutige Pflegebetten sind mit einer Vielzahl an elektronischen und mechanischen Komponenten ausgestattet. Diese Komponenten sollen die Lebensqualität der Personen, welche das Bett benutzen, steigern. Zusätzlich stellen sie eine Arbeitserleichterung für alle beteiligten Personen dar, die bei der Pflege mitwirken. Musste früher die Position einzelner Komponenten des Pflegebetts manuell verändert werden, so ist dies aufgrund elektrischer Bauteile durch einen einfachen Tastendruck möglich [11].

Bisher war für eine Änderung der Bettposition ein direkter Zugang zum Bett notwendig. Dies führt in bestimmten Situationen zu Problemen. So müssen

Pflegekräfte oftmals ihre Position am Bett ändern, um eine Aktion am Bett durchzuführen. Eine andere Schwierigkeit besteht darin, Personen im Bett bei der Änderung der Position des Bettes behilflich zu sein. In diesem Fall muss eine Pflegekraft oder ein Angehöriger sich direkt am Bett befinden. Bei beiden Situationen bedarf es so einer bettseitigen Aktivität der Helfenden, immer verbunden mit einer erhöhten Belastung von Muskulatur und Wirbelsäule.

Heutige proprietäre Erweiterungslösungen lassen sich nur mit einem hohen Aufwand oder gar nicht in bestehende Systeme integrieren. Das Konzept *SmartBed* soll in diesen Fällen Abhilfe schaffen und somit eine Qualitätsverbesserung in der Pflege schaffen. Hierbei sollen OpenSource-Komponenten zum Einsatz kommen. Ein mögliches Anwendungsszenario, bei dem dieses Unterstützungssystem zum Einsatz kommen könnte, ist die automatische Positionsanpassung des *SmartBed* an die Anforderungen des Klienten oder des Pflegepersonals. Des Weiteren soll die Möglichkeit bestehen, dass Angehörige über eine Videoverbindung mit der betroffenen Person in Kontakt treten können und sie bei der Bedienung des Bettes unterstützen. Dieser Eingriff kann erfolgen, ohne dass ein Helfer vor Ort sein muss. So besteht die Möglichkeit, dass ein Angehöriger mittels eines mobilen Endgerätes die Position des Bettes verändert, falls die betroffene Person dabei Hilfe benötigt oder die Bedienung nicht selbständig vornehmen kann. Es soll dabei möglich sein, das Bett auch transparent über eine Internet-Verbindung zu steuern. Dies soll es Personen erlauben, länger eigenständig ihr Leben zu führen, ohne dabei permanent betreut zu werden. Weitere Einsatzgebiete können z. B. Krankenhäuser oder Pflegeeinrichtungen sein. Diese können durch das System *SmartBed* von einem signifikant verringerten Pflegeaufwand profitieren, sodass mehr Zeit für die zwischenmenschliche Kommunikation und Interaktion aufgewandt werden kann und weniger Zeit für die Steuerung und Bedienung des Unterstützungssystems. Zusätzlich besteht die Möglichkeit durch die Open Source-basierte Lösung das *SmartBed* in bestehende Systeme wie INHOME zu integrieren um somit in der gesamten Pflege die Qualität zu verbessern[7].

In dieser Ausarbeitung wird erläutert, wie die Verbesserung eines solchen Bettes definiert und umgesetzt werden kann. Im nachfolgenden Kapitel 2 werden bestehende Ansätze aus diesem Bereich der Forschung beleuchtet. In Kapitel 3 wird auf den aktuellen Stand eines Pflegebettes eingegangen, insbesondere auf die vorhandenen Komponenten, wie das bestehende kabelgebundene Bedienelement. Berücksichtigt werden mögliche Erweiterungsmodule der Hersteller. Des Weiteren wird in diesem Kapitel auf die Anforderungen eingegangen, die das System *SmartBed* erfüllen soll. In Kapitel 4 wird eine technische Implementation eines solchen Bettes dargestellt und aufgezeigt, an welchen Stellen Probleme auftreten. Zum Abschluss der Arbeit wird ein Ausblick für die künftige Weiterführung des Projektes sowie eine Zusammenfassung der Erkenntnisse gegeben.

2 State of the Art

Der Bereich rund um AAL gehört zu den wichtigen Forschungsbereichen der aktuellen Informatik. Da auch hierbei das Gesetz von Moore seine Wirkung zeigt, werden die Geräte kleiner, leistungsfähiger und kostengünstiger. Daher ist es nicht überraschend, dass schon einige Systeme im AAL Bereich produktiv eingesetzt werden. [10]

Da das System *SmartBed* in der Anwendungsdomäne des AAL angegesiedelt ist, besteht die Möglichkeit es z. B. in den INHOME-Ansatz zu integrieren. Dabei handelt es sich um eine intelligente und interaktive Pflegeservice-Umgebung. Diese Umgebung soll eine Lösung bieten, welche verschiedene Pflegesysteme vereint und über ein IP-basiertes Gateway an das Internet anbindet. Da das *SmartBed* ebenfalls eine IP-basierte Anbindung zur Verfügung stellt, ist eine Integration einfach umzusetzen [7].

Ein System, welches speziell dafür ausgelegt ist, eine IP-basierte Steuerung von Pflegebetten anzubieten, existiert aktuell noch nicht. Hersteller von Pflegebetten bieten bestenfalls kabelgebundene oder funkgesteuerte Fernbedienungen an.

Bestehende Lösungen sind Beispielsweise das intelligente Pflegebett *sentida 7-i* der Firma *wissner-bosserhoff*. Dies bietet Möglichkeiten von Sensoriken zur Gewichtsmessung bis hin zur Feuchtigkeitsmesssung innerhalb des Bettes. Des Weiteren unterstützt es das Senden bzw. Protokollieren aller Messungen. [14] Dieses System stellt eine kommerzielle Komplettlösung dar, welche nicht zur Nachrüstung an bestehenden Betten zum Einsatz kommen kann.

Um die Position des Bettes oder der Person im Bett zu erkennen, gibt es bereits bestehende Lösungen. Dadurch sollen Stürze verhindert oder zumindest in Fall eines Sturzes aus dem Bett ein Alarm ausgelöst werden [6, 8, 9].

Lösungen zur Steuerung von Industrieanlagen und Möbeln bestehen ebenfalls. Beispielsweise bietet die Firma LINAK Aktuatoren welche mittels einer Anwendung via Bluetooth gesteuert werden können. Aufgrund der Gesetzteslage kann dies aber nicht auf alle Geräte im Pflegebereich adaptiert werden. Somit muss eine Lösung wie *SmartBed* vor einem kommerziellen Einsatz rechtlich geprüft werden. [15]

3 Konzept *SmartBed*

Ein Pflegebett, welches im privaten Umfeld, in einer Pflegeeinrichtung oder einem Krankenhaus zum Einsatz kommt, bietet in der Regel verschiedene Teilsysteme an, um die Position des gesamten Bettes oder einzelner Komponenten zu verstellen. Pflegebetten werden durch Elektromotoren oder hydraulische Stellmechanismen bewegt. Die gängigste Methode, ein Pflegebett zu verstellen, bietet die kabelgebundene Fernbedienung. Für die Übertragung der Steuerbefehle werden oftmals eigene Protokolle entwickelt und genutzt. Ist ein Bett mit einem Gateway ausgestattet, können zusätzliche Einheiten neben der kabelgebundenen Fernbedienung zur Steuerung des Bettes eingesetzt werden. Dabei nutzen diese Einheiten die gängigsten Funkprotokolle wie Infrarot, Bluetooth oder auch WLAN. Sind firmeneigene Protokolle im Einsatz, können diese auch über die freien ISM-Frequenzbänder kommunizieren [13].

Das Pflegebettmodell „Elvido Vervoder" der Firma Stiegelmeyer, welches im Future Care Lab zum Einsatz kommt, besitzt Steuerungseinheiten der Firma LINAK. Das Future Care Lab der Hochschule Furtwangen ist eine Forschungseinrichtung, welche im Bereich von AAL forscht. Die Steuereinheit beinhaltet ein Gateway, um verschiedene Systeme an das Pflegebett anzubinden. Dazu zählen neben der Positionsverstellung des Bettes auch die Kommunikation zwischen externen Systemen und zusätzlichen Sensoren, welche vor oder in das Bett angebracht werden. Dieses Pflegebett ist durch eine kabelgebundene Fernbedienung im Stande die Hochlagerung von Kopf, Beinen und Rücken zu verstellen. Neben der Hochlagerung kann die gesamte Liegefläche höhenverstellt werden oder in eine fast aufrechte Position gebracht werden. Durch ein Gateway der Firma LINAK können zudem Drucksensoren in der Matratze Signale an externe Systeme weiterleiten. Zusätzlich besteht die Möglichkeit eine Druckmatte vor dem Bett anzubringen. Dies ermöglicht es, beim Aufstehen einer Person automatisch das Licht im Raum einzuschalten oder ein geeignetes Alarmsignal an das Pflegepersonal zu senden. An das Gateway ist ein Infrarot-Empfänger angebracht, welcher von einer Infrarot-Fernbedienung Steuersignale entgegennimmt. Diese Fernbedienung ist in der Lage jedes Pflegebett mit solch einem Empfänger zu steuern. Diese Gegebenheit schränkt die Nutzung dahingehend ein, dass nur ein einziges Bett pro Raum einen solchen Empfänger aufweisen darf. Eine Pflegekraft kann somit in einer Pflegeeinrichtung seine eigene Fernbedienung für jedes Bett nutzen. Damit verringert sich die Gefahr, Keime auf den kabelgebundenen Fernbedienungen der Betten zu verschleppen. Neben der Infrarot-Fernbedienung kann parallel eine kabelgebundene Fernbedienung genutzt werden.

Dieses System soll nun dahin weiterentwickelt werden, dass eine IP-basierte Steuerung der Motoren ermöglicht wird. Das Gateway und die Komponenten der Firma LINAK kommunizieren mit Hilfe des proprietären Protokolls OpenBus. Dadurch ist ein Eingriff in die Kommunikation nicht direkt möglich. Als Lösung bietet sich die Nutzung der Infrarot-Übertragungsstrecke an. Da eine Infrarot-Fernbedienung keine Autorisierung gegenüber dem Empfänger benötigt, wird im Rahmen der prototypischen Umsetzung hier angesetzt. Eine Infrarot-Sendeeinheit soll dieselben Signale wie die originale Infrarot-Fernbedienung, allerdings dann ferngesteuert über Ethernet, bereitstellen (siehe Abbildung 1). Damit diese Funktionen auch außerhalb des Raumes zur Verfügung gestellt werden können, muss aus Haftungsgründen einem Personenschaden vorgebeugt werden. Hierzu wird eine weitere Systemkomponente verwendet, welches Bett und Klient mit einer Kamera erfasst. Zusätzlich kann bei Bedarf eine akustische Kommunikation mittels Mikrophon und Lautsprecher zwischen dem Bedienpersonal außerhalb des Raumes und des Klienten im Bett hergestellt werden.

Beide Systemkomponenten sollen über einen zentralen Server erreichbar sein. Dieser ist, wie in Abbildung 1 dargestellt, an das Internet angebunden. Dadurch soll eine Steuerung mittels Smartphone, Tablet oder Laptop, also einem mobilen Endgerät ermöglicht werden.

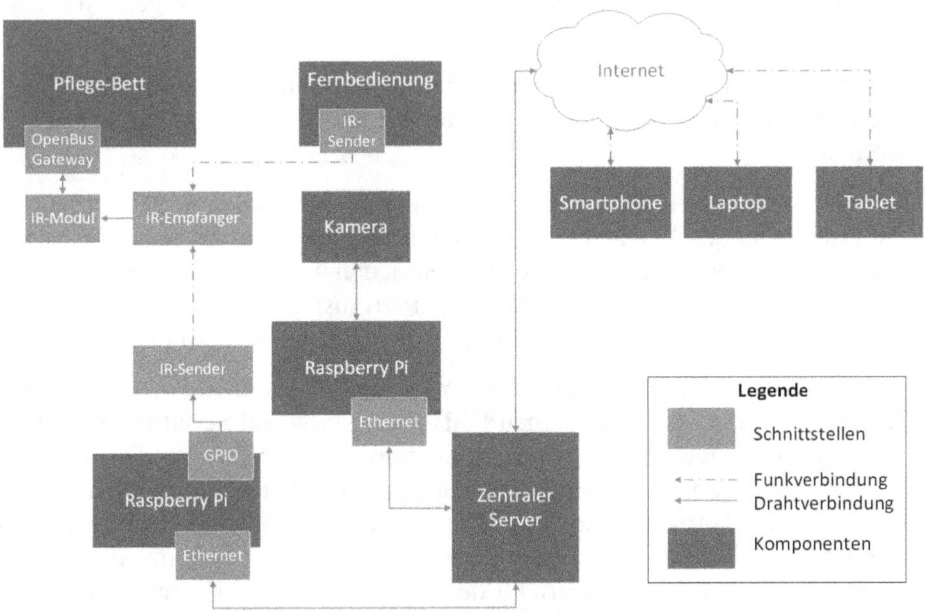

Abbildung 1: Kontextdiagramm

4 Implementierung der Steuerkomponenten

Das SmartBed-Konzept und seine Implementierung beinhalten zwei verschiedene Systemkomponenten. Eine Komponente soll die visuelle und akustische Kommunikation zwischen der Person im Pflegebett und einer externen Person, welche die Steuerung des Bettes übernimmt, sicherstellen. Dadurch ist gewährleistet, dass die Person im Bett nicht zu Schaden kommt und auf ein Verstellen des Bettes vorbereitet wird. Das gesamte System wird mittels Open Source-Software-Komponenten realisiert.

Eine zweite Systemkomponente soll die Funktionen der aktuellen Fernsteuerung umsetzen und eine Schnittstelle bereitstellen, damit die Funktionen extern gesteuert werden können. Extern bedeutet in diesen Fällen eine Kommunikation über Ethernet und bietet durch Softwarelösungen, wie beispielsweise ein Virtual Privat Network (VPN), eine sichere Kommunikation aus dem Internet zu einem der beiden Komponenten. Hierbei ist es wichtig, dass zu jedem Zeitpunkt eine sichere Verbindung zwischen allen Komponenten besteht. (Ende-zu-Ende Verschlüsselung). VPN stellt hierbei die schnellste Lösung für die Implementierung dar. Andere Möglichkeiten, um Ressourcen zu sparen, wären die Verwendung einfacherer Authentifizierungsmechanismen. Eine weitere Möglichkeit kann durch einen zentralen Server realisiert werden. Dieser nimmt alle Video- und Audio-Streams entgegen und stellt diese den Benutzern zur Verfügung.

Für die Systemkomponente, welche eine Kommunikation über Ethernet mit einer Person im Bett aufbaut, müssen folgende Technologien verwendet werden:

Ein Computer mit Ethernet-Adapter, eine Kamera sowie ein Mikrofon sind die grundlegenden Bestandteile, welche diese Systemkomponente zur Verfügung stellen muss. Da ein solches System jeden Tag rund um die Uhr in Betrieb sein soll, liegt es nahe, das System stromsparend auszulegen. Hierbei bietet sich ein Einplatinen-Computer wie der Raspberry Pi an [1].

Dieser besitzt zusätzlich einen CSI-Port (Camera Serial Interface), um eine Kamera anzusprechen. Über einen USB-Port (Universal Serial Bus) wird ein USB-Mikrofon realisiert, um zusätzlich zum Videostream den Ton zu übertragen. Der Raspberry Pi wird mit einer frei verfügbaren Linux-Distribution, der Raspbian-Software, bestückt. Dies ist eine angepasste Debian-Linux-Version. Die 5-Megapixel-Kamera wird über den CLI-Port mit dem Raspberry Pi verbunden und innerhalb des Raspbian aktiviert. Mittels des Software-Moduls *mjpg-streamer*, welches Videoquellen ins Netzwerk streamt, kann das Videosignal an einen entfernten Host gesendet werden [1,3].

Das USB-Mikrophon wird über eine USB-Schnittstelle verbunden, und das Audio-Signal kann zusätzlich zum Video-Stream über Ethernet gesendet werden. Mit dem Werkzeug *arecord* und einem Secure Shell Tunnel ist es möglich den Audio-Stream an einen Host zu senden. Dies erlaubt es den Video- und Audio-Stream über eine Internetsite jedem autorisierten Benutzer zu Verfügung zu stellen.

Da die Echtzeit-Videoübertragung in dieser Anwendungsdomäne eine sehr intime Situation darstellt, muss sie zusätzlich abgesichert werden. Dazu wird eine VPN-Verbindung verwendet, welche die Übertragung Ende-zu-Ende verschlüsselt. Damit ein externer Zugriff möglich ist, muss auf dem entfernten Host sowie auf dem Raspberry Pi ein VPN-Modul installiert sein. Ein VPN-Server regelt dabei alle Zugriffe auf das VPN [4].

Die zweite Systemkomponente soll die Funktionalität der Handfernbedienung implementieren und diese ebenfalls extern bereitstellen. Dazu wird ein weiterer Raspberry Pi Einplatinen-Computer genutzt. Das Pflegebett der Firma Stiegelmeyer und die Steuereinheit der Firma Linak bieten neben der kabelgebundenen Fernbedienung noch die Option, das Bett mittels einer Infrarot Fernbedienung zu steuern. Um diese Funktion extern zur Verfügung zu stellen, muss ein Infrarot-Sender am Raspberry Pi angebracht werden. Für eine Implementierung müssen nun die Signale der Infrarot-Fernbedienung aufgenommen und analysiert werden (*Reverse Engineering*) und dann in der Anwendung gezielt wiedergeben werden.

Um während der Entwicklung die Infrarot-Signale der Original-Fernbedienung einmal zu analysieren, muss über die GPIO-Pins (General Purpose Input Output) eine Infrarot-Empfängerdiode angebracht werden [3].

Das Linux Open-Source-Werkzeug *lirc* (*Linux Infrared Remote Control*) enthält entsprechende Software-Module, um über die GPIO-Pins Infrarot-Signale zu empfangen und abzuspeichern. Mit dem Werkzeug *irrecord* können Signale von Infrarot-Fernbedienungen über ein Terminalprogramm aufgenommen und gespeichert werden. Das Werkzeug hilft dabei, automatisch das richtige Codeverfahren der Fernbedienung zu erkennen. Mit diesem Werkzeug können nahezu alle gängigen Infrarot-Fernbedienungen erkannt und aufgenommen werden [3].

Allerdings schlägt die automatische Signalerkennung bei der LINAK-Fernbedienung fehl. Es ist daher davon auszugehen, dass diese Fernbedienung kein gängiges Codeverfahren nutzt. Um das Infrarot-Signal dennoch zu analysieren, wird es im ersten Schritt visualisiert, damit die wesentlichen Unterschiede zu herkömmlichen Fernbedienungssignale erkannt werden können.

Abbildung 2 zeigt den Unterschied der Signale einer LG-TV-Fernbedienung und der LINAK-Fernbedienung.

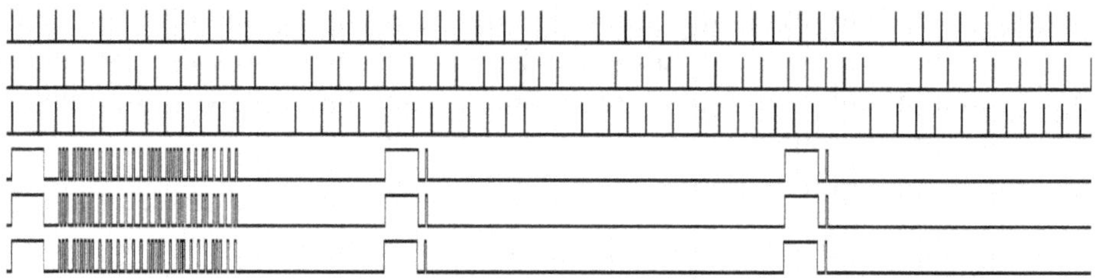

Abbildung 2: Aufzeichnung und Messung der LINAK-Infrarot-Signale

Dabei stellen die ersten drei Zeilen die Fernbedienung des verwendeten Pflegebettes dar und die letzten drei Zeilen die TV-Fernbedienung. Diese Visualisierung der Daten wird durch das Open Source-Werkzeug *mode2* erreicht, welches durch *lirc* zur Verfügung steht. Aufgrund der gravierenden Zeitunterschiede zwischen den einzelnen abgesetzten Infrarot-Befehlen im Vergleich zu einem herkömmlichen Infrarot-Signal wird deutlich, dass hierbei ein anderes Codierungsverfahren genutzt wird. Um die Signale dennoch in der *SmartBed*-Anwendung mit Hilfe einer Infrarot-LED abspielen zu können, werden die Signale der Original-Fernbedienung als sogenannter *RAW*-Code aufgezeichnet. Hierbei wird das IR-Signal eins zu eins aufgenommen und ermöglicht bei späterem Bedarf, das Signal mit einer Infrarot-LED abzuspielen.

Um die Funktionen extern zu nutzen, wird auf dem ersten Raspberry Pi ein Webserver aufgesetzt. Auf einer Website kann nun ein Bild der Fernbedienung dargestellt werden. Hinter den einzelnen Tasten auf dem Bild werden transparente Buttons hinterlegt, welche ein Skript mit den entsprechenden Code-Sequenzen ausführt. Optional ist es möglich, auf dem Raspberry Pi ein WLAN-Access-Point zu realisieren, um ein Smartphone oder Tablet als weitere mobile Fernbedienung direkt vor Ort zu nutzen.

Beide Systemkomponenten, der Raspberry Pi mit Video- und Audio-Streamer sowie der Raspberry Pi zur Infrarot-Steuerung des Pflegebettes, können nun an einen zentralen Server angeschlossen werden. Dieser ist über eine VPN-Verbindung aus dem Internet erreichbar und kann somit von jedem autorisierten Nutzer bedient werden. Durch die Nutzung eines zentralen Servers ergibt sich der Vorteil, die Bandbreite zwischen den Raspberry Pis und dem eigentlichen Nutzer zu verringern. Denn der Stream wird nur einmal zum Server aufgebaut (*Proxy*-Muster) und von dort an alle Client-Devices verteilt.

Um *SmartBed* über ein Smartphone steuern zu können, bieten sich zwei Alternativen an. Beide rufen eine Website auf, die sich auf dem Webserver befindet.

Die erste Variante ist das Aufrufen der Website über einen Browser. Diese Variante hat den Vorteil, dass keine Installation auf dem Client-Device nötig ist, da sich auf allen Android-Geräten ein Browser befindet. Der Nachteil dieser Umsetzungsvariante ist die Eingabe der URL in den Browser, was ggf. etwas umständlich ist. Zum anderen wird dem Nutzer damit eine gewisse Unsicherheit vermittelt, weil es sich für ihn "nur" wie eine Internetseite anfühlt.

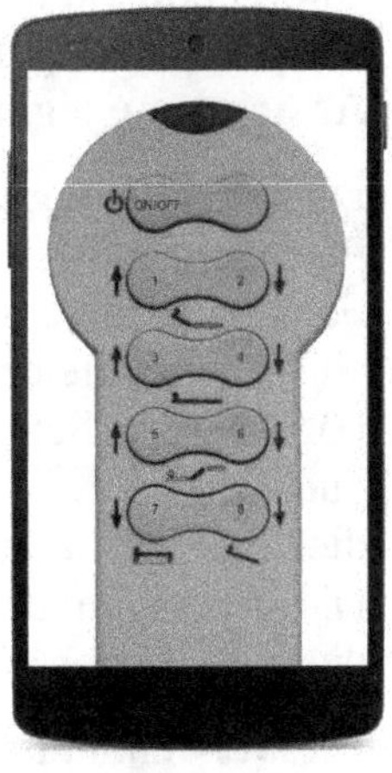

Abbildung 3: Remote-Applikation

Die zweite Variante ist eine native Anwendung auf dem Client-Gerät. Diese hat den Vorteil, dass dem Nutzer nicht angezeigt wird, dass er sich auf einer Internetseite befindet. Vielmehr sieht es für ihn wie eine bekannte Umgebung aus, die er beispielsweise von anderen Smartphone-Anwendungen kennt.

Bei der Umsetzung im vorliegenden Projekt wurde eine native Anwendung gewählt. Hierbei handelt es sich um ein Browser-Fenster, welches keine URL Leiste besitzt. Dies bedeutet, wir erzeugen den Anschein einer nativen Anwendung durch die Verwendung eines Browserfensters im sog. *Kiosk-Modus*. Dies ist in Abbildung 3 zu sehen.

Nach Implementierung, Modul- und Komponententest sowie Integration ist es nun möglich, das Pflegebett über eine Internet-Verbindung zu steuern und dabei die Bewegung über den Video-Stream zu beobachten.

5 Evaluierung von Konzept und Implementierung

Die Evaluierung des entwickelten Konzeptes und dessen Umsetzung ist mithilfe von Experten aus dem Pflegebereich erfolgt. Aus diesem Grund wurde das System zwei Schulklassen aus dem Pflege-Bereich der Einrichtung Mettnau-Schule in Radolfzell vorgestellt. Die teilnehmenden Pflegefachkräfte befinden sich in einer berufsbegleitenden Weiterbildungsmaßnahme, welche zu einer Führungsqualifikation führt. Somit verfügen sie bereits über substantielle Praxiserfahrung im Pflegebereich.

Konzept und Implementierung wurden allen Teilnehmern vorgestellt. Neben einer Diskussionsrunde wurde mit allen Teilnehmern eine Umfrage durchgeführt. Die Auswertung ergab, dass die Mehrheit der Teilnehmer das System nutzen würde. Die Teilnehmer stellten dabei die Privatsphäre kritisch in den Vordergrund. Zusätzlich wurden Sicherheitsbedenken diskutiert - sollte die Übertragung der Steuerbefehle nicht hinreichend abgesichert oder eine nicht-autorisierte Steuerung durch Dritte möglich sein, ist eine Verwendung in Pflegeeinrichtungen nicht ohne Bedenken möglich. Aus diesem Grund ist eine Absicherung jeglicher Kommunikation erforderlich.

Die Auswertung der Umfrage ergab, dass eine Hilfestellung durch externe Personen, wie z. B. Angehörige, mit Hilfe der Video-Übertragung und der Fernsteuerung des Bettes durchaus sinnvoll sein kann, da dies eine wesentliche Arbeitserleichterung darstellt und ein Gefühl der Fürsorge durch Angehörige ermöglicht. Auch die Definition und Nutzung von Profilen mit individuell festgelegten Positionen, sowie eine freie Steuerung des Bettes durch die Applikation auf einem mobilen End-Gerät wurde als sinnvoll betrachtet. Die Aussagen der Experten weisen darauf hin, dass ein solches System durchaus in der Praxis zum Einsatz kommen könnte.

Die Verwendung einer mobilen Applikation ist für einzelne Teilnehmer eine sinnvolle Unterstützung im Arbeitsalltag. In den Ergebnissen der Evaluation zeigt sich eine starke Tendenz, dass eine freihändige Steuerung des Bettes dem Pflegepersonal am effizientesten erscheint.

6 Zusammenfassung und Ausblick

Als Abschluss dieses Beitrages erfolgt nun die Zusammenfassung der Ergebnisse sowie ein Ausblick auf weitere mögliche Entwicklungsschritte. Es wird auf die möglichen Verbesserungen bei der Implementierung sowie auf sinnvolle Konzeptanpassungen nach Hinweisen der Experten eingegangen. Dieses Kapitel kann als Grundlage und gedanklichem Anstoß für eine Weiterführung des Projektes dienen.

Das System *SmartBed* ermöglicht zwei wesentliche Funktionen. Zum einen die Steuerung des Pflegebetts mittels Infrarot über Ethernet. Zum anderen die Kontrolle der Position und der Person im Bett über eine Kamera. Die Umsetzung mittels der Raspberry Pis gestaltet sich dank der OpenSource Komponenten einfach. Viele Komponenten konnten adaptiert werden um diese für das SmartBed zu verwenden und bieten einen einfachen Ansatz für Verbesserungen und Weiterentwicklungen. Die geringen Sicherheitsmaßnahmen einer Infrarot-Übertragung ermöglicht auch Außenstehende die Kontrolle eines Bettes vor Ort zu übernehmen, diese Tatsache konnte für dieses Projekt genutzt werden, stellt aber weitestgehend ein Sicherheitsrisiko dar.

Durch das *Reverse Engineering* des OpenBus- und Bluetooth-Protokolls oder durch Offenlegung durch die Hersteller bestehen weitere Möglichkeiten, die Steuerung des Pflegebettes zu optimieren. Dazu könnte der betreffende Raspberry Pi mit einem Bluetooth-Modul anstatt der Infrarot-Diode ausgestattet werden. Alle Funktionalitäten bleiben dabei erhalten. Der wesentliche Vorteil einer Bluetooth-Nutzung ergibt sich durch die Anzahl an gleichzeitig steuerbaren Betten. Das System könnte mittels Bluetooth bis zu sieben Betten unabhängig oder synchron bedienen[5].

Des Weiteren ist eine Implementation sinnvoll, welche die Position der einzelnen Partien des Bettes zurückgibt. Durch diese Rückmeldung könnte eine Anzeige der aktuellen Position des Bettes im Sinne einer visuellen Rückmeldung (*Feedback*) auf der Website erfolgen. Dadurch erhält der Anwender, der über das Internet das Bett fernsteuert, neben dem Video-Stream eine zusätzliche Rückmeldung über die Positionen. Sollte das OpenBus-Protokoll in seinem Aufbau und seiner Funktionsweise offengelegt und bekannt sein, wäre eine direkte, kabelgebundene Kommunikation zwischen dem Raspberry Pi und dem Pflegebett möglich. Eine drahtgebundene Kommunikation bietet den Vorteil, dass viele Störfaktoren ausgeschlossen werden können. Somit wäre das Gesamtsystem *SmartBed* robuster.

Unabhängig von den genutzten Technologien und Ausbauvarianten sollte eine Profilfunktion umgesetzt werden. Dabei wird hinter einem Profil eine vorgegebene Position aller einzelnen Motoren und Stellglieder hinterlegt. Dadurch können z. B. Use Case-spezifische Profile für „Aufstehen", „das Pflegebett in die gewünschte Tiefe absenken, um dem Benutzer das Aufstehen zu erleichtern" o.ä. definiert und bei Bedarf aufgerufen werden. Weitere Profile könnten individuell einer Pflegekraft zugeordnet sein. Dieses Profil richtet das Bett auf die ergonomisch optimale Arbeitshöhe der betreffenden Pflegekraft aus. Dabei ermöglicht ein solches Profil über ein mobiles Endgerät, wie z. B. ein Smartphone oder Tablet eine einfache Bedienung.

Durch die Verwendung der Near Field Communication Technologie (*NFC*) kann das genannte Szenario der vordefinierten Profile noch erweitert werden. Beispielsweise besitzt jede Pflegekraft einen eigenen NFC-Tag. Auf diesem wird die individuelle Arbeitshöhe eines Pflegebetts gespeichert. Betritt eine Pflegekraft den Raum, erkennt *SmartBed* automatisch den NFC-Tag. Aktiviert nun der Pfleger das Profil um das Bett auf Arbeitshöhe zu bringen, stellt sich das Bett automatisch auf seine individuelle Höhe ein.

Die Befragung der Pflegefachkräfte der Mettnau-Schule erbrachte Hinweise auf weitere Szenarien und Ideen für technische Weiterentwicklungen. Pflegefachkräfte benötigen bei der Unterstützung eines Klienten im Bett beide Hände zum Arbeiten. Muss nun zusätzlich ein Gerät zur Bedienung des Pflegebettes in die Hand genommen werden, wird dies oft als umständlich empfunden. Abhilfe könnte hierbei eine Steuerung durch Gesten schaffen. Dabei kann ein System am Bett angebracht werden, welches Gesten der

Hand erkennt und das Bett dadurch in die gewünschte Position bringt. Da bei einer Gestensteuerung ebenfalls eine Hand frei sein muss, ist das Problem allerdings nur unvollständig gelöst. Neben der Gestensteuerung sollte daher auch eine Sprachsteuerung zum Einsatz kommen. Dabei werden Steuerbefehle durch das Sprechen vordefinierter Wörter oder Phrasen aktiviert. Bei Einsatz eines solchen Systems bleiben dann beide Hände frei, und das Bett kann zeitgleich gesteuert werden (*handsfree operation*).

Das *SmartBed*-System gestattet zudem weitere Mehrwert-Dienste zu realisieren und extern bereit zu stellen. Dazu zählt das Digitalisieren der Vitalparameter durch entsprechende Sensoren. Ein Beispiel hierbei ist eine Waage unterhalb der Matratze. Das Gewicht eines Klienten kann einfach ermittelt und automatisch protokolliert werden, ohne dass er dafür jedes Mal aus dem Bett aufstehen muss.

Das Projekt *SmartBed* fand im Rahmen des Seminars „Mobilität und Innovation“ des Masterstudiengangs „Mobile Systeme“ der Hochschule Furtwangen statt, geleitet durch die Professoren Elmar Cochlovius und Achim P. Karduck.

7 Literaturangaben

[1] Dembowski, Klaus. *Raspberry Pi-Das technische Handbuch: Konfiguration, Hardware, Applikationserstellung*. Springer-Verlag, 2015.

[2] Alzheimer's Disease International. *Prognose zur Entwicklung von Pflegebedürftigkeit weltweit im Zeitraum von 2010 bis 2050.* Statista - Das Statistik-Portal, 2012.

[3] Follmann, Rüdiger. *Das Raspberry Pi Kompendium.* Morgan Kaufmann, 2014.

[4] Eckert, Claudia. *IT-Sicherheit. Konzepte - Verfahren - Protokolle*. Berlin, Boston: Oldenbourg Wissenschaftsverlag, 2012.

[5] J. Mander and D. Picopoulos. *Bluetooth Piconet Applications.*

[6] Jinwook Shim, Myung-hoon Shim, Yoon-su Baek, and Tack-don Han. *The development of a detection system for seniors' accidental fall from bed using cameras.* In Proceedings of the 5th International Conference on Ubiquitous Information Management and Communication (ICUIMC '11), 2011.

[7] Vergados, D.; Kavvadias, C.; Bigalke, O.; Eppler, A.; Jerabek, B.; Alevizos, A.; Caragiozidis, M.; Biniaris, C.; Robert, E.,. *An intelligent interactive healthcare services environment for assisted living at home,* in Pervasive Computing Technologies for Healthcare, 2008.

[8] Qi Wang; Xuehua Tang. *A biomechanical analysis of electric nursing care beds basing on a virtual man-bed system.* in Computer-Aided Industrial Design & Conceptual Design, 2009.

[9] Gaddam, A.; Mukhopadhyay, S.C.; Gupta, G.S., *Necessity of a bed-sensor in a smart digital home to care for elder-people,* in Sensors, 2008 IEEE , vol., no., pp.1340-1343, 26-29 Oct. 2008

[10] Gordon E. Moore. *Cramming more components onto integrated circuits.* Electronics, Volume 38, Number 8, April 19, 1965.

[11] Qi Wang; Zhonghai Yu. *Force Simulation and Ergonomic Assessment of Electric Care Beds,* in Computational and Information Sciences (ICCIS), 2010 International Conference on , vol., no., pp.1017-1021, 17-19 Dec. 2010.

[12] H. Rothgang, T. Kalwitzki, R. Müller, R. Runte, R. Unger. *BARMER GEK Pflegereport 2015.* Asgard-Verlagsservice GmbH, 2015.

[13] Ralf Gessler, Thomas Krause. *Wireless Netzwerke für den Nahbereich.* Springer Vieweg, 2015.

[14] Michael Rosada, *wissner-bosserhoff GmbH,* http://immer-richtig.wi-bo.de/sentida7-i/, Zugegriffen am 01.03.2016

[15] DIN EN IEC 60601-2-52_2010-12

AutoDist: An Automated Approach to Develop Distributed Java Applications

Serbest Hammade, Stefan Retzlaff

Faculty of Computer Science
Furtwangen University
Robert-Gerwig-Platz 1
78120 Furtwangen, Germany
{serbest.hammade, stefan.retzlaff} @hs-furtwangen.de

Abstract: Distribution and horizontal scaling are commonly used words when talking about IT Systems. There are many ways to achieve those. In this paper a way of using remote method calls with Apache Thrift for distributing your application is going to be introduced. However these calls do not have to be written directly into the original application code. Instead these calls will be implemented using the Aspect Oriented Programming (AOP) paradigm. In addition to this, a concept for a code generator will be introduced, which is able to generate all the code, necessary for using the AOP paradigm with method distribution. Further, this generator will be used in an eclipse plug-in, which is already available as an open source project on "www.autodist.net". This paper will show how this tool is built and how it works.

1 Introduction

There are several concerns that demand to think about distributed applications. The most popular reason is the demand for more resources or simply the need for more CPU performance or memory. The upgrade of these resources in one system has its limits and could become very expensive.[1] Thus the alternative is to distribute the application over several machines. This is called horizontal scaling[2] which usually comes along with additional complexity. The main goal of the AutoDist project is to reduce complexity for the developer but also be flexible in which functionalities should be distributed.

There are many ways to achieve horizontal scalability. One possibility is to implement the distribution across different servers directly into the application source code. Using this approach you might not want to distribute the whole application, because there are better ways to achieve this. When using this approach you might want to only run a few functions on different servers. Normally this is done by implementing some kind of Remote Procedure Calls (RPC) and shift some logic to the servers. However, this practice comes with a few challenges. The method distribution is typically implemented in every part of the application that should be distributed. Fortunately, there is a programming paradigm that solves this problem, the Aspect Oriented Programming as explained in section 2.1. Of course there are alternative approaches to achieve horizontal scalability, like using hardware load balancing. The differences are explained in section 1.2.

In this case, however, the source code has to be changed and the distribution must be implemented using the AOP pattern. Additionally a RPC protocol has to be implemented. Then the logic has to be made available on the server systems. Therefore the logic, which was originally written in the application has to be copied to the server.

All the above mentioned points are qualified for automatization. Thus the client and the server code could be generated and even the logic could be copied to the generated server code. If the information is available the server code could be generated for each server that should be used, only serving the logic that it is supposed to.

In this paper a code generation concept will be introduced together with an Eclipse plug-in, which enables the developer to achieve the above mentioned goals. The developer has to identify all methods that should be distributed using specific Java Annotations. It analyzes the applications Java source code and persists method information into a database. With these information a Thrift client- and many server-projects will be generated. The logic which was extracted from the original application is being copied to the server-projects. This way the developer gets one new client project which represents the changed application. Additionally, the plug-in generates several server projects, each containing the source code that could be deployed to the specified server.

The plugin is available as open source project on www.autodist.net.

1.1 Use Cases

The Use Case diagram in figure 1 shows the functionalities the user should have when using the AutoDist Tool. The user, in this case, is an application developer, who wants to transform an application into a distributed one. The user will be able to choose a project that should be used and convert it into a distributed project. After that the user will be able to choose methods that should be called remotely. At last the user can start the AutoDist Tool to create the client and server projects. As a result of these steps the user gets an client project, which has basically the same functionality than the original project, except that the chosen methods are executed on the server. Therefore the user gets a number of server projects, equal to the number of different services that have been defined before.

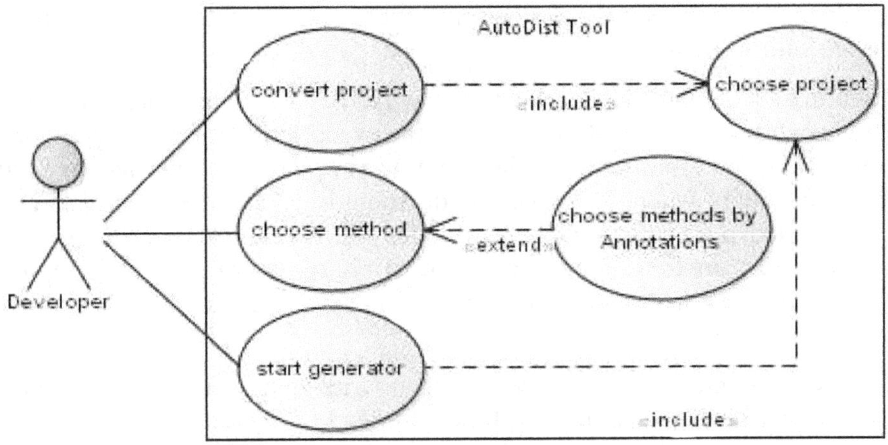

Figure 1: Use Cases from AutoDist Tool

1.2 Differences to common horizontal scaling solutions

Load balancing is a common solution to implement horizontal scaling. The same application runs on the several servers and a load balancer distributes the user sessions over these servers.[3] In this case each server usually serves the whole application. With RPC the distribution can be implemented with much more granularity, because it is possible to divide the application by functionalities. In the example the use case of cryptography was chosen. This could be implemented on servers which meet the specific needs of this functionality. Other concerns may have different requirements and with RPC the fine granular distribution of functionalities is possible.

2 Foundations

This section introduces the fundamentals of the technologies and tools which were used in this paper.

2.1 Aspect Oriented Programming

The Aspect Oriented Programming is an alternative approach to implement cross cutting concerns into an application. It enables the developer to integrate these concerns without the need of changing every part of the program where the concern is needed. That is what the programmer would have done if he used the normal Object Oriented Programming (OOP) approach. Method distribution is such a cross cutting concern and therefore it is suitable for usage with AOP.[4]

Figure 2 shows the basic concept of how AOP works. There are many possibilities within an application to trigger the execution of a Cross Cutting Concern. These possibilities are called join points. The developer has to choose the join points where the aspect code should actually be executed. Those were called pointcuts, and the developer can use a specific API to define them. For example a pointcut could describe to a specific method by name and parameters or it could simply point to every method which has a String as return value.

For every pointcut the developer needs to write an advice, which is the code that should be executed after, before or instead of the defined pointcut. So if the pointcut with the String return value is used, an advice could be written which logs the value after each method call. The AOP code is organized in aspects, which is the AOP equivalent to OOP classes. It is usually woven into the OOP code during compile time. This process is called weaving. There are other possibilities, when the AOP code could be applied [5], but those will not be discussed here, because they were not used in this project.

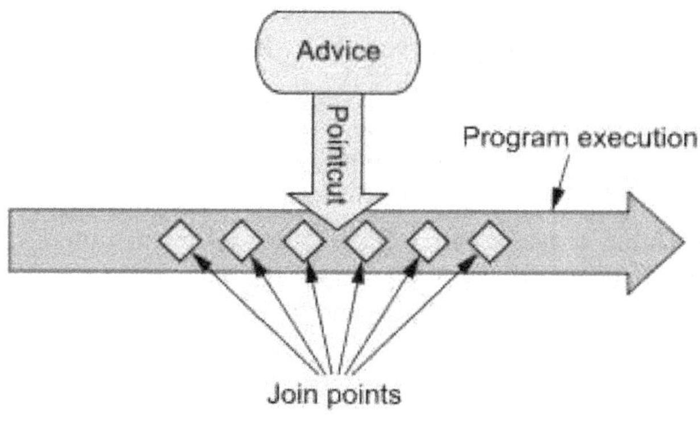

Figure 2: AOP - the Basic Idea [5]

This Implementation uses AspectJ, which provides an API to use AOP in Java. The details on how AspectJ is used in the approach is also described in the first paper to this topic "Verwendung von AOP zur Vereinfachung von RPC mit Apache Thrift" [6].

2.2 Apache Thrift

Apache Thrift is a framework for RPC.[7] It provides a code generator that creates a server skeleton and a client stub. As input the generator needs a formatted text file with the service and method description. This file is called the IDL-File which stands for Interface Definition Language.

Apache Thrift has been chosen for the AutoDist project because it is able to generate code in different programming languages, and therefore provides platform independency.

2.3 Eclipse Plug-in

Each software component in Eclipse is called a plug-in, which are OSGi-bundles. The developer can extend the Eclipse platform by plug-ins. The strong modular approach of the plug-ins allows AutoDist to be designed as a component based system. A list of plug-ins are called a feature, which is represented to the users as one unit and can be installed in Eclipse over the Install New Software wizard. [8]

The extensibility of the Eclipse platform is used to create new menu entries and new context menu items which call the AutoDist components. All AutoDist components are packaged in one feature named AutoDist Tool and is published for the users.

2.4 Eclipse Java Development Tools

The Eclipse Java Development Tools (JDT) is a set of plug-ins which provides a fully functional Java Development Environment based on the Eclipse platform. One of the plug-ins, the JDT Core, provides the possibility to compile, analyze, create and change source code based on the Abstract Syntax Tree (AST), which is a fine granular representation of the source code.

The JDT Core contains the following important classes from the package org.eclipse.jdt.core.dom:

ASTParser

The class ASTParser parses java source code to create the AST.

ASTVisitor

The Nodes from the AST can be analyzed with the class ASTVisitor.

ASTRewrite

The class ASTRewrite provides the possibility to create and change the AST.

Another part of the JDT Core is the Java Model, which can be used to create projects, folders, packages, files, to add dependencies over the build path, to set folders as source entries and to set the nature of a project. A project nature is a mechanism to identify the types of a project, such as Java nature or Maven project. Each project can have many natures.

In the AutoDist project it is used to create the client and server projects. Within these projects the required folders like src/, lib/ and bin/ and the packages into which the java source code is copied and generated are created. Additionally the external dependencies like Apache Thrift and AspectJ and the AutoDist annotation library AnnotationLib for the client-project and the Apache Thrift library for the server-projects are included.

The functions of the class ASTVisitor are used to analyze the developers project to find and save all information about the annotated methods.

The class ASTRewrite is used to generate the source code of the servers.

2.5 AspectJ Development Tools

The AspectJ Developer Tools (AJDT) project provides Eclipse platform based tool support for Aspect-oriented software development with AspectJ [9]. The API from AJDT is used to add the AspectJ nature to the client-project.

Like the JDT Core API the AJDT-API has the same type of classes to change the AST, named AjASTRewrite in the package org.eclipse.ajdt.core.dom.rewrite. It uses classes of the package org.aspectj.org.eclipse.jdt.core, which is a copy of the package org.eclipse.jdt.core with extensions for the AspectJ language. Because these classes are deprecated since version 1.7.0.M1 (December 2011) and may be removed in future versions of AJDT, in this project a custom template engine is used to generate the required aspect and its pointcuts and advices.

2.6 H2 Database

The H2 Database is a Java based, open source, relational database system which is able to run in embedded mode. Theoretically this database engine could be switched with any other Database, with the same feature and the Java Database Connectivity (JDBC) interface. It was chosen due to personal preferences of the authors.

In the next section will be explained how the described components work together in the AutoDist project.

3 Architecture

In the following sections, the concept of the AutoDist project will be presented. First the basic concept how method distribution works together with AOP will be presented. Then a detailed process will be introduced how AutoDist is used and which steps are taken internally followed by a brief description on how the Data is stored between the process steps. In the last section the Benefits of AutoDist`s modular architecture will be explained.

3.1 Method Distribution and AOP - Basic Concept

As mentioned before, method distribution is a cross cutting concern and therefore it could be done using AOP. In this scenario, also shown in figure 3, a pointcut is defined for a method, that should be executed remotely. An advice will be called instead of the defined resourceIntensiveMethod. The advice does a RPC. In this project this is done using Apache Thrift. A service running on another machine does the calculation, the defined method was originally supposed to do. The result is sent back to the RPC in the Advice and then forwarded to the caller of the defined method. This way the remote call is weaved into the code, and being used transparently to the caller.[6]

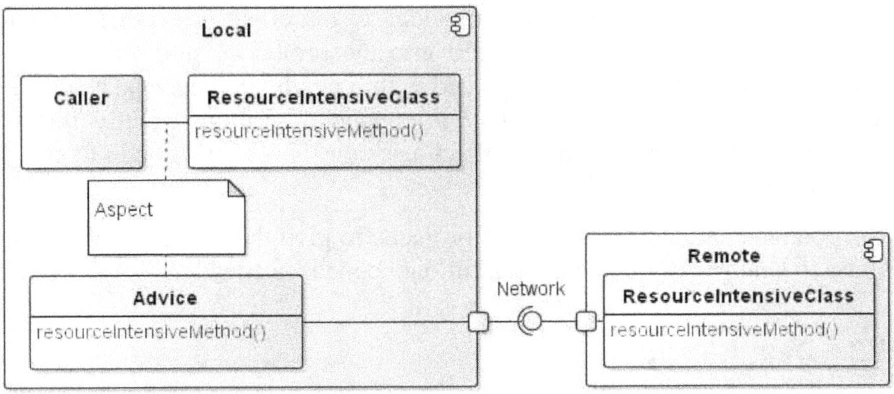

Figure 3: Abstract Concept of the AOP Component

3.2 Process Description

The AutoDist Tool has to execute certain steps in order to achieve the goal of creating the client and server projects for method distribution. These steps are being explained in this section. A detailed diagram can be found on www.autodist.net.

To start, the developer selects the project that should become distributed and calls the “Convert to Distributed Project” menu function. To identify the Methods, that should be called remotely in the future, the @RemoteCall annotation has to be added to these methods. Therefore the annotation library will be automatically included in the projects build path when converting the project and adding the distributed nature to it. After identifying the methods by adding the annotation, the developer calls the “Distribute Project” menu function. This starts the code generation process.

The AutoDist program first analyzes the source code and identifies the methods with the @RemoteCall annotation. The method information is then extracted and persisted in the database. In the next step, this information is used to generate the Thrift-IDL File. This file is used as input for the Thrift - gen which generates the server skeletons and the client stub. The client and the server code will later be available to the developer as Eclipse projects.

After the generation of the Thrift projects, the AutoDist Tool fills the server methods with the code that has been persisted before, creating a copy of the original code in the server project. These projects can now be built and deployed to the servers.

The client project is basically a copy of the input project with a few changes. The AspectJ and Thrift libraries are added to the client project's build path. The generated Thrift code is copied into the project as additional classes. The AOP code is generated and placed within newly created aspect files. For each identified method, a pointcut is created describing exactly that one method, together with an advice which uses the Thrift client code to call the identified method remotely.

The code is generated into Eclipse projects, to give the developer the opportunity to change the code or add additional code if needed.

3.3 Data Storage

To persist the method information between the process steps, a relational database is being used. This database needs to be able to run in embedded mode, because the database connection should not create additional external dependencies. With an embedded database, the driver and the database are able to run within the application.

Figure 4 shows the conceptual data model of the database, used for the persistence of the method information. Therefore the basic entity is the method, which contains all information directly linked to the Java method. A method could have multiple parameters, which are the arguments of the method. There could also be some annotations, linked to the method. In this table, there are, amongst others, the @RemoteCall annotations. These annotations have parameters. The most interesting ones are the servername and the serverport. These are used to determine which methods are needed in the different server projects. This is done with the help of database Views.

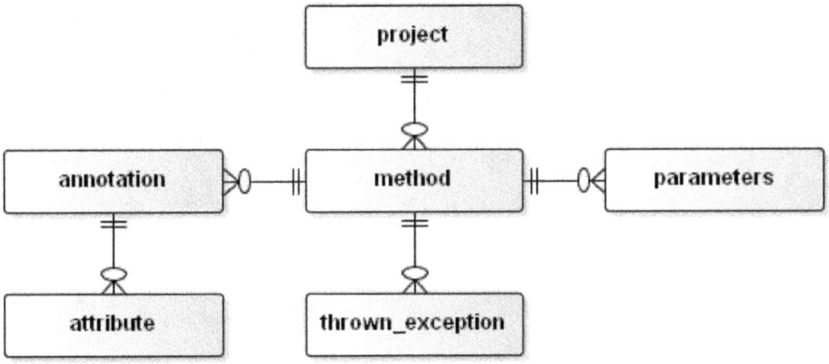

Figure 4: Conceptual Data Model

The external files described in section 3.2, which the components need like the database file, the libraries and generate file (Thrift -IDL and generated Thrift classes) are stored in a hidden directory under the Distributed project. A compatible Thrift-library is downloaded from the maven repository to the client project.

3.4 Benefits through the modular Architecture

To implement the process flow, described in section 3.2, the AutoDist project uses the divide and conquer strategy, which simplifies the whole process and divides the task into understandable units. The process has been divided into multiple steps, which are represented by the components in figure 5 and 6.

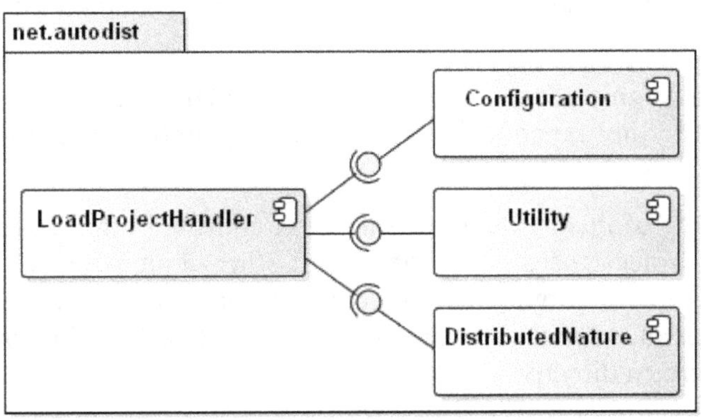

Figure 5: Structure of the LoadProjectHandler

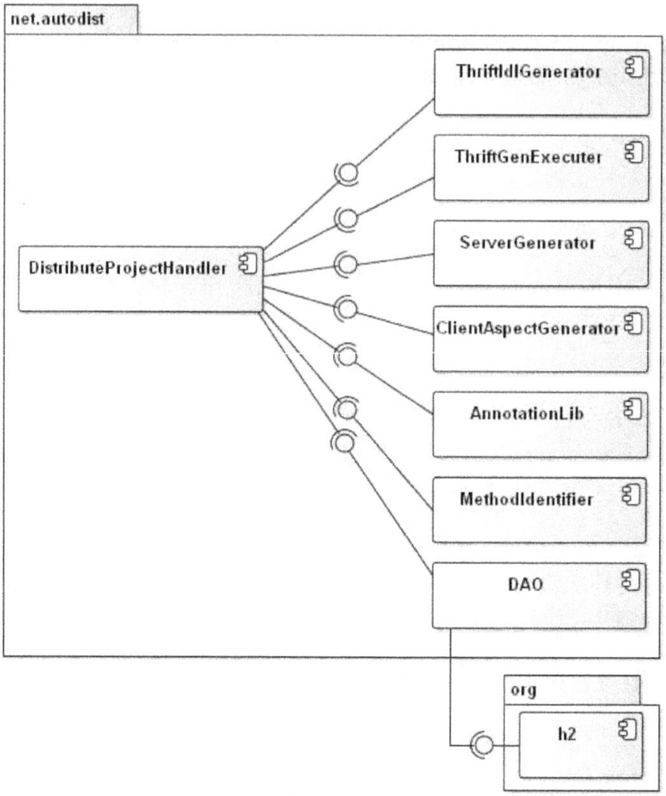

Figure 6: Structure of the DistributeProjectHandler

The menu calls, which represent the use cases (see figure 1), are represented by the Handler-components, which call the other components to run the whole process.

With the packaging of this components into OSGi-bundles the AutoDist project provides the expandability and exchangeability for further developments.

An advantage of this modularity is the availability of other components. The AutoDist project uses a variety of other components like org.h2, org.eclipse.jdt.core, org.eclipse.ajdt.core and org.eclipse.core.* for the plug-in development, so that the AutoDist components can be integrated into the Eclipse platform directly.

A disadvantage of this modularity are the dependencies, the user has to install. Within the Eclipse platform, this is simplified by using the Eclipse Update Sites. But there is no save way to resolve problematic dependencies like specific version dependencies until a project is distributed as an independent application. If we use the independent application, the project uses a lot of resources, the AutoDist Tool is only available in a separate environment and the users workflow is interrupted. That is why, in most cases, the developers like to integrate the tools in a familiar environment. This is a main goal of the Eclipse platform [10].

A good example of exchangeability is the component MethodIdentifier (figure 7). As described in section 3.2 the component MethodIdentifier analyzes the distributed project source code and persists the method information into the database. In the current version this is done by searching for the annotated methods. But another way to identify these methods, would be to use a configuration file. This would have the advantage that the source code does not have to be edited. However the disadvantage is, that the developer is not able to see immediately that the method is not called locally. Therefore, the authors decided to identify the methods through annotations.

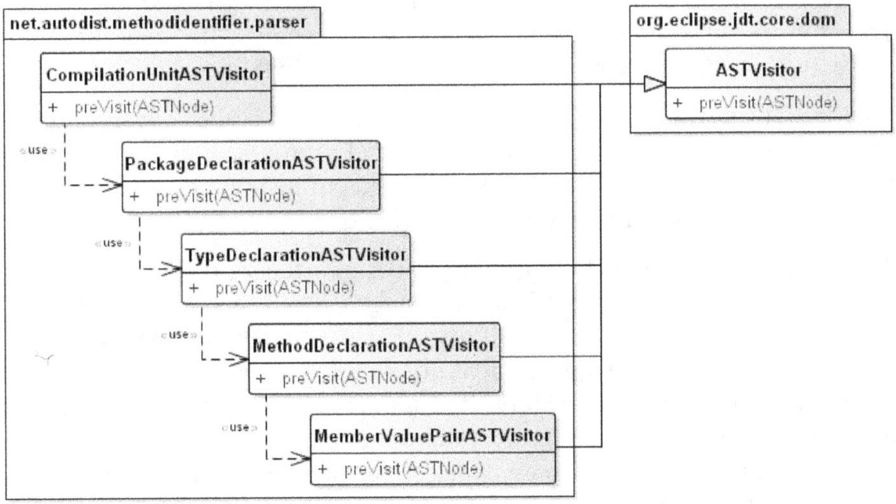

Figure 7: Structure of the MethodIdentifier Project

The component MethodIdentifier is also an example for expandability. With a deeper source code analysis the AutoDist project can be tested whether a method could be outsourced or not. It could also be found out which independent components like jar dependencies, classes, methods or variables must also be outsourced, along with the method.

3.5 The MethodIdentifier component

As described above, the MethodIdentifier component analyzes the source code to find the annotated method and persists the information into the database. The classes in figure 7 inherit from the class org.eclipse.jdt.core.dom. ASTVisitor, which has the method accept(...). This method steps through all children of the class ASTNode. This way, the analyze process is divided into different parts, where each part analyzes another part of the AST. For example, required information like method names are identified by the class TypeDeclarationASTVisitor, while the method parameters and the annotations are identified by the class MethodDeclarationASTVisitor.

4 User Story - using the AutoDist tool

In this example the Developer uses a project that encrypts or decrypts files. To do this, the machine running the application needs a lot of CPU resources. These are tasks which are appropriate for method distribution. Therefore the developer chooses AutoDist to generate the code needed to outsource just the encryption and decryption functionalities.

First the Thrift-Tool has to be installed because this is the only external dependency outside the Eclipse Development Environment, which has to be installed, next. In Eclipse the developer needs to install AJDT and AutoDist Tool via Eclipse's Install New Software wizard.

After importing the File Encryption project into the workspace, the project nature of the Java project needs to be changed. Therefore AutoDist provides a "Convert to Distributed System Project" option in the context menu, when selecting the project. Using this feature, AutoDist creates a new additional Project with the distributed nature. It also imports the necessary libraries into the new project. In the new project the developer chooses the methods that should be run on another machine. These methods need to be marked using the @RemoteCall annotation, which is part of the installed libraries of the previous step.

Now the AutoDist button in the tool bar can be used while selecting the project to generate an additional client project and one or more server projects, one for each servername and serverport combination. In the example, the developer has to resolve some dependencies of the used methods, since the AutoDist Tool does not do this automatically yet. A class with cryptography methods has to be copied to the server project and some imports have to be added to the project. Eclipse assist this process by the refactoring feature.

After all these minor issues are resolved, the server project can be build and deployed to the server. Now, if running the client project, the data of the file which should be encrypted, are sent to the server and the encrypted data is sent back to the client.

5 Open Source

As described above the AutoDist project uses other open source components. During the selection process of these dependencies, among other things, the licenses of these components have to be taken into consideration. The JDT and the AJDT are, like most Eclipse projects, licensed under the Eclipse Public License (EPL) and the H2-Database is dual licensed and available under the Mozilla Public License Version 2.0 (MPL 2.0) or under the EPL 1.0 (Eclipse Public License)[11]. Because of the dependencies and the freedom, that comes along with this license, the authors have chosen to distribute the AutoDist project under the EPL.

The developer documentation from the JDT is considerable but at some points outdated. The AJDT is documented in the source code via Java Doc comments, but unfortunately there is no public accessible Java Doc API available on the internet. The H2-Database supports connections to a database using the industry standard JDBC for database-independent connectivity between the Java programming language and a wide range of databases.[12]

To ensure that other developers can distribute code to the AutoDist project the authors created the website www.autodist.net. On this site, the documentation can be found, which is for the developers, who want to use the project as well as for those who want to participate in the project. The user documentation contains an installation guide, a getting started tutorial and possible scenarios.

The developer documentation includes the Java Doc API, this paper and a roadmap for future developments. There is also a tutorial on how to get the source code, build it and contribute code with the project and additional resources like the project infrastructure.

The first goal of this project was to get a ready to use tool for automated generation of distributed Java applications. In the future, the project could also benefit of the participation of other developers who like the project and its open source nature.

For the project lifecycle the Eclipse Foundation published the Eclipse Project Handbook. This handbook defines important principles like transparency, openness, vendor neutrality and quality, an Eclipse project should reflect upon. Of course every open source project should take these principles into account.[13]

The Apache Software Foundation describes in the Apache Project Maturity Model, how Apache projects, but not only those, should operate. The Model describes, among other things, that the source code should be discoverable and publicly accessible. It is mentioned that the source code should be built in a reproducible way using widely available standard tools. It also provides information about software releases and about the quality of the asserts of the project.[14]

6 Future Work

The AutoDist project is in an early development stage. The first version is ready and working but there are still a lot of tasks to do. Some tasks which were identified as the most important enhancements are described in the following section.

Additional load balancing options

Horizontal scalability is one of the main reasons for the usage of AutoDist. Therefore additional options to increase the scaling possibilities are planned. The load balancing of distributed methods is already tested. Therefore the @RemoteCall annotation is designed to be used multiple times. This way, the developer will be able to identify methods that should also be load balanced and the servers, that should participate in the load balancing as real servers. This feature is not yet implemented into the code generation process. Until now, only the unweighted Round-Robin algorithm has been tested, yet. But it is planned to add additional load balancing strategies along with real server weighting.

Additional support for datatypes and custom Objects

Until now, the methods being identified and generated using AutoDist are limited to parameters that are also supported by Apache Thrift. It is planned to increase the amount of supported datatypes using converters. Additionally it is planned to support serializable objects automatically generate code to serialize and deserialize these objects, so that these objects can conveniently be used as method parameters and be distributed using AutoDist. At the moment this has to be done manually.

Automatic outsourcing of dependencies

Another problem are external dependencies, meaning methods that use some kind of external, non Java Standard libraries. These libraries should be automatically integrated into the server projects. Until now, this also needs to be done manually.

Internal dependencies like classes and methods that are used within outsourced methods should also be discovered and copied to the generated server projects.

7 Conclusion

The AutoDist project shows that it is possible to use the Aspect Oriented Programming paradigm, in order to create a distributed Java project with remote procedure calls. Furthermore AutoDist provides the tools to generate the needed Java code. It is made for developers who want to stay in control of their code. So the generated code can be edited or changed. The generated code also provides an example on how to use AOP with AspectJ in Java for everyone who has not had contact with AOP, yet.

AutoDist is a good start to create a scalable Java application. While developing the first release the focus has been to provide a stable and working toolset, that covers the basic goals and to demonstrate the basic idea. In the future AutoDist will grow with more possibilities for scalability and better usability. To achieve this goal it was decided go open source right at the beginning of the project. Because of this the project has been developed using OSGi which provided the best modularity, possible.

JDT has been chosen because it provides a toolset for code generation and code analysis, which is both needed in this project. Furthermore it is proven to be stable in the Eclipse Development Environment, which is also very important, not only in open source projects.

Altogether AutoDist has a good chance to become an interesting and growing open source project and it already is a working toolset for method distribution. This project is ready for the future.

References

[1] Sukumar Ghosh, Distributed Systems – An Algorithmic Approach 2nd. Ed., CRC Press, 2015.

[2] Martin Kleppmann, Designing Data-Intensive Applications - Early release revision 4, O`Reilly Media Inc., 2015.

[3] Tony Bourke, Server Load Balancing, O`Reilly & Associates Inc, 2001.

[4] Ramnivas Laddad, AspectJ in action: practical aspectoriented programming, Manning, 2003.

[5] Craig Walls. Spring In Action, Fourth Edition. Manning, 2014.

[6] Stefan Retzlaff and Serbest Hammade. "Verwendung von AOP zur Vereinfachung von RPC mit Apache Thrift". In: informatikJournal 2015/16 (2016).

[7] Mark Slee, Aditya Agarwal and Marc Kwiatkowski, Thrift: Scalable cross-language services implementation, In: Facebook White Paper 5.8, 2007.

[8] Lars Vogel. Eclipse Rich Client Platform. Vogel, 2015.

[9] Eclipse Foundation. AspectJ Development Tools. URL: http://www.eclipse.org/ajdt/ [Accessed 20.02.2016]

[10] Eclipse documentation. Eclipse Foundation. URL: http://help.eclipse.org.

[11] H2 Database Engine. H2 Database Engine. URL: http://www.h2database.com. [Accessed 20.02.2016]

[12] Oracle. Java SE Technologies - Database. Oracle. URL: http://www.oracle.com/technetwork/java/javase/jdbc/ [Accessed 20.02.2016]

[13] Eclipse Project Handbook. Eclipse Foundation. URL: http://www.eclipse.org/projects/handbook/ [Accessed 20.02.2016]

[14] The Apache Project Maturity Model. The Apache Software Foundation. URL: http://community.apache.org/apache-way/apache-project-maturity-model.html [Accessed 20.02.2016]

www.ingramcontent.com/pod-product-compliance
Lightning Source LLC
LaVergne TN
LVHW082342011026
849160LV00025B/1591